中等职业教育改革创新示范教材
国家示范性中等职业学校重点建设专业教材

汽车底盘和车身电器检测实训教材

Qiche Dipan he Cheshen Dianqi Jiance Shixun Jiaocai

（第二版）

汪胜国　李东江　方志英　主　编

人民交通出版社股份有限公司
China Communications Press Co.,Ltd.

内 容 提 要

本书是国家示范性中等职业学校重点建设专业教材，针对一汽丰田卡罗拉汽车的结构特点，重点介绍了汽车底盘和车身电器的故障检测、诊断方法。

本书适合中等职业学校汽车运用与维修专业的学生使用。

图书在版编目（CIP）数据

汽车底盘和车身电器检测实训教材 / 汪胜国，李东江，方志英主编. — 2版. —北京：人民交通出版社股份有限公司，2017.6

ISBN 978-7-114-13854-6

Ⅰ.①汽… Ⅱ.①汪… ②李… ③方… Ⅲ.①汽车—底盘—检修—中等专业学校—教材 ②汽车—车体—电气设备—检修—中等专业学校—教材 Ⅳ.①U472.41

中国版本图书馆CIP数据核字（2017）第114941号

国家示范性中等职业学校重点建设专业教材

书　　名：	汽车底盘和车身电器检测实训教材（第二版）
著 作 者：	汪胜国　李东江　方志英
责任编辑：	李　良
出版发行：	人民交通出版社股份有限公司
地　　址：	（100011）北京市朝阳区安定门外外馆斜街3号
网　　址：	http://www.ccpress.com.cn
销售电话：	（010）59757973
总 经 销：	人民交通出版社股份有限公司发行部
经　　销：	各地新华书店
印　　刷：	北京市密东印刷有限公司
开　　本：	880×1230　1/16
印　　张：	8.25
字　　数：	224千
版　　次：	2010年9月　第1版 2017年6月　第2版
印　　次：	2017年6月　第2版　第1次印刷　总计第3次印刷
书　　号：	ISBN 978-7-114-13854-6
定　　价：	19.00元

（有印刷、装订质量问题的图书由本公司负责调换）

国家示范性中等职业学校重点建设专业教材

专家委员会

专家委员： 赵丽丽　朱　军　李东江　刘　亮　林邦安　王志勇
　　　　　　卞良勇　焦建刚

编写委员会

编写委员： 陈建惠　黄元杰　顾雯斌　陆志琴　孟华霞　方志英
　　　　　　方作棋　王成波　忻状存　颜世凯　林如军　王瑞君
　　　　　　汪胜国　麻建林　徐宏辉

序

  我国的汽车保有量急剧增加，公路交通建设快速发展，这对汽车维修等汽车后市场的发展提出了更高的要求。近年来，尽管我国职业教育取得了很大的成就，但是有些职业院校的教学并没有完全反映企业的实际需求和学生的职业发展规律。职业教育的"职业性"不强，这已成为困扰职业教育适应行业企业发展需要的瓶颈问题。

  事实上，这并不是我国所独有的问题，世界各国和地区也都在通过不同手段探索相应的解决方案。20世纪末，大众、宝马、福特、保时捷等六大国际汽车制造巨头曾在德国提出过一个《职业教育改革七点计划》，建议职业教育应在以下七个方面做出努力：

  1. 加强文化基础教育——为青年人的生涯发展打下良好基础，包括掌握基本文化基础和关键能力。

  2. 资格鉴定考试中加强定性评估——将职业资格鉴定与企业人力开发措施结合起来,资格考试按照行动导向和设计（Shaping）导向的原则进行。

  3. 传授工作过程知识——职业院校应针对特定的工作过程传授专业知识,采用综合性的案例教学,并着力培养团队能力。

  4. 学校和企业功能的重新定位——通过学校和企业的共同努力，提高职业教育质量：学校是终身学习的服务机构，企业成为学习化的企业。

  5. 采用灵活的课程模式——通过核心专业课程奠定统一而扎实的专业基础，必要时包含具有地方和企业特征的教学内容。

  6. 职业教育国际化——建立学校教育和企业培训质量互认，促进各国职业资格证书的可比性和透明度。

  7. 促进校企合作的发展——企业和职业院校合作创办高水平职业教育机构，促进贴近工作岗位的职业教育典型实验和相关研究。

  这一建议至今看来都有十分重要的借鉴意义。职业院校以市场和需求为导向的课程和教材建设，应当从专业所面向的职业工作任务出发，明确学习目标和学习内容，从而为学生的就业和职业生涯发展奠定必要的基础，这不论是在理论上还是实践上都面临着巨大的挑战。这里不仅要引入先进的职业教育理念，需要丰富的职业实践经验，而且需要把先进、实用的技术有针对性地与职业院校的教学工作有机结合起来。

  中国汽车工程学会组织编写的这套教材在以上方面进行了有益的探索。教材充分利用了"蕴藏在实际工作任务的教和学的潜力"，按照工作组织安排学习，可以为学习者提供面向实际的学习机会。希望这套教材的出版不但能帮助职业院校更快、更好、更容易地培养出社会亟需的技能型人才，而且也能为我国职业教育的教学改革提供有价值的经验。

北京师范大学职业与成人教育研究所

第二版前言

本套教材第一版的编写是由中国汽车工程学会汽车应用与服务分会与宁波市鄞州职业高级中学于2010年合作完成的。中国汽车工程学会汽车应用与服务分会的指导专家主要从"教什么"入手,结合一线教师企业调研提炼汽车维修的"典型工作任务",之后围绕这些典型工作任务逐项提升教师自身的动手能力;在帮助教师熟练掌握维修技能后,指导他们将典型工作任务转化为学习任务,并据此设计课程,编写教材,解决了"怎么教"的问题。教材自出版以来,反馈良好,已数次重印。

近年来,汽车行业飞速发展,职教改革不断深入,对汽车专业的教学提出了新的要求,因此,我们于2016年下半年启动了本套教材的修订工作。本次修订结合了一线教师教学过程的总结与企业实践的思考,对第一版中部分不尽合理的操作步骤做了调整,对表述不规范的地方做了修改,对读者反馈的问题做了梳理,使内容更加规范合理,更加贴近教学要求,旨在为汽车职业教育教学提供更好的服务。

本套教材的内容包含了最基本的汽车维护实训项目,最典型的发动机维修、发动机电控系统故障诊断、汽车底盘和车身电器检测实训项目,以及为完成以上维修项目所必须掌握的汽车维修基础技能实训项目。在实训项目的选取上,本套教材紧扣中等职业学校汽车维修专业的培养目标,充分体现"必需、够用"原则,同时完全贴合教育部"全国职业院校技能大赛"中职汽车维修专业的比赛项目。

本套教材图文并茂地展现了技能教学的全过程,极大提升了教学的形象化和直观化,同时在每个步骤中都有要领提示,强化了汽车维修作业的规范性和作业技巧。在教学过程中,注重体现了汽车服务企业的5S管理,以使学生在掌握技能的同时提高职业素养。在每个任务的后面还给出了技能考核的参考标准,以便于教学效果的考评。

本书由汪胜国、李东江、方志英担任主编。

限于编者的经历和水平,书中难免有不妥或错误之处,敬请广大读者批评指正,提出修改意见和建议,以便再版修订时改正。

编 者
2016年12月

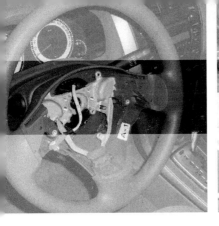

目录 CONTENTS

任务1 防抱死制动系统（ABS）的检测
- 一、任务说明 ·················· 1
- 二、技术标准与要求 ············ 3
- 三、实训时间：30min ············ 4
- 四、实训教学目标 ·············· 4
- 五、实训器材 ·················· 4
- 六、教学组织 ·················· 4
- 七、操作步骤 ·················· 5
- 八、考核标准 ·················· 20

任务2 自动变速器（AT）挡位开关的检测
- 一、任务说明 ·················· 22
- 二、技术标准与要求 ············ 23
- 三、实训时间：40min ············ 23
- 四、实训教学目标 ·············· 23
- 五、实训器材 ·················· 23
- 六、教学组织 ·················· 24
- 七、操作步骤 ·················· 24
- 八、考核标准 ·················· 47

任务3 安全气囊系统（SRS）的检测
- 一、任务说明 ·················· 51
- 二、技术标准与要求 ············ 54
- 三、实训时间：30min ············ 54
- 四、实训教学目标 ·············· 54
- 五、实训器材 ·················· 54
- 六、教学组织 ·················· 54
- 七、操作步骤 ·················· 55
- 八、考核标准 ·················· 68

任务4 汽车前照灯的故障检测
- 一、任务说明 ·················· 74
- 二、技术标准与要求 ············ 74
- 三、实训时间：45min ············ 74
- 四、实训教学目标 ·············· 74
- 五、实训器材 ·················· 75
- 六、教学组织 ·················· 75
- 七、操作步骤 ·················· 75
- 八、考核标准 ·················· 92

任务5 汽车危险警告灯电路的故障检测
- 一、任务说明 ·················· 95
- 二、技术标准与要求 ············ 95
- 三、实训时间：45min ············ 95
- 四、实训教学目标 ·············· 95
- 五、实训器材 ·················· 95
- 六、教学组织 ·················· 96
- 七、操作步骤 ·················· 96
- 八、考核标准 ·················· 108

任务6 汽车喇叭电路的故障检测
- 一、任务说明 ·················· 110
- 二、技术标准与要求 ············ 110
- 三、实训时间：40min ············ 110
- 四、实训教学目标 ·············· 110
- 五、实训器材 ·················· 110
- 六、教学组织 ·················· 111
- 七、操作步骤 ·················· 111
- 八、考核标准 ·················· 122

任务1 防抱死制动系统（ABS）的检测

一、任务说明

❶ ABS的组成

在汽车原有制动系统基础上，增加了液压调节器(带液压油泵)、车轮转速传感器、电控单元(ECU)和电路、警告灯等装置，便构成了汽车ABS（防抱死制动系统），如图1-1所示。液压调节器也称制动压力调节装置，主要由调压电磁阀总成、电动泵总成和储液器组成。

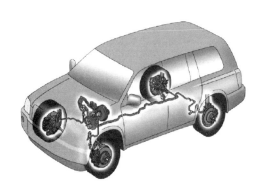

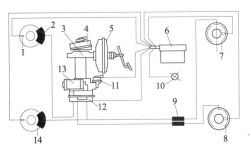

图1-1 ABS组成

1-车轮转速传感器；2-右前制动器；3-制动主缸；4-储液室；5-真空助力器；6-电控单元；7-右后制动器；8-左后制动器；9-比例阀；10-ABS警告灯；11-储液器；12-调压电磁阀总成；13-电动泵总成；14-左前制动器

❷ 车轮转速传感器的结构与工作原理

车轮转速传感器的作用是检测车轮的转速，并将速度信号输入ECU。目前常用的车轮转速传感器有电磁感应式和霍尔式两种。一汽丰田卡罗拉1.6AT车型采用电磁感应式车轮转速传感器。

1）电磁感应式车轮转速传感器结构

它是通过线圈的磁通变化，感应出脉冲电压信号的装置。电磁感应式车轮转速传感器由磁感应传感头和齿圈两部分组成。

传感头是静止部件，由永久磁铁、感应线圈和磁极(极轴)组成，安装在每个车轮的托架上，另有两根引线（屏蔽线）接至电控单元。齿圈为运动部件，安装在轮毂或轮轴上，和车轮一起旋转。其齿数的多少与车型及电控单元有关，不同车型的ABS装置也有所不同，相互是不通用的。

根据极轴的结构形式不同，电磁感应式车轮转速传感器又分为凿式和柱式等。

2）电磁感应式车轮转速传感器工作原理

当齿圈随车轮旋转时，由于磁极及齿圈间的间隙发生变化（齿顶、齿根），使得通过线圈的磁通发生变化，从而在线圈上感应出一个交流电动势，其频率与车轮转速成正比，电动势的大小（振幅）也与转速成正比。如达科（Delco）公司生产的ABS，其电磁感应式传感器在低速及高速时的电压信号变化为0.1~9V，电控单元依据此信号频率确定转速，并测算出瞬时制动减速度及制动滑移率，从而控制制动液压系统工作，防止车轮抱死。

3）霍尔式车轮转速传感器结构与原理

霍尔式车轮转速传感器由传感头和齿圈两部分组成。传感头由永磁体、霍尔元件和电子电路等组成。

❸ ABS故障树分析图

ABS故障树分析图如图1-2所示。

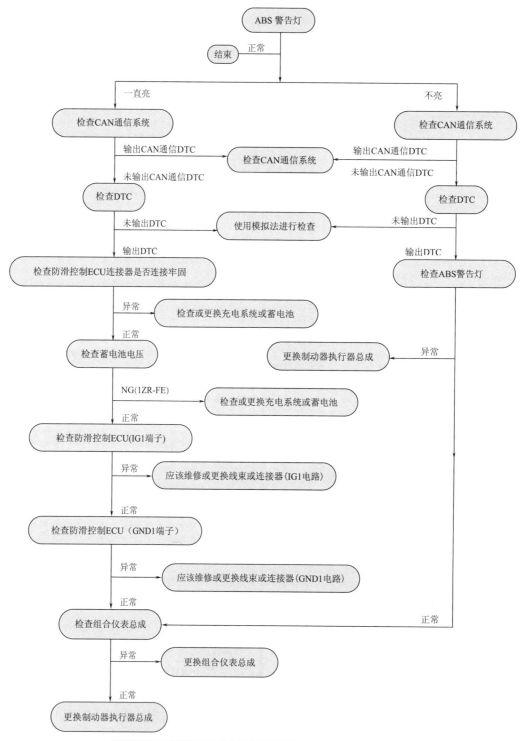

图1-2 ABS故障树分析图

4 ABS控制系统的检修

汽车ABS中左前轮与右后轮转速传感器,如图1-3、图1-4所示。

(1)以丰田卡罗拉的ABS为例,前轮转速传感器的调整步骤如下:

①举升汽车,拆下相应的前轮胎和车轮装置。

②拧松紧固螺钉,通过盘式制动器挡泥板孔拆下传感器头。

③清除传感头表面的脏物,用一工具仔细清理传感头的端面。

④在传感头的端面粘贴一新的纸垫片,纸垫片做一"F"标记表示该传感器为前轮转速传感器,纸垫片的厚度对32脚的ABS是1.3mm,对35脚的ABS是1.1mm。

⑤拧松由衬套固定在传感器支架上的螺栓,旋转这个钢衬套,给固定螺钉提供一个新的锁死凹痕面。

⑥通过盘式制动器挡泥板孔,将传感头装进

支架上的衬套里，将纸垫片装在传感头端面上，并确保在整个安装过程中纸垫片不掉下来。

⑦拧紧传感器支架上用于固定钢衬套的螺栓，确保传感器上的连线连接良好。

⑧推动传感器头，使其向传感器齿圈顶端移动，直到纸垫片与齿圈接触为止。让传感器头保持这种状态，然后用2.4～4N·m的力矩拧紧紧固螺钉，使传感器头定位。

图1-3 左前轮转速传感器

图1-4 右后轮转速传感器

⑨重新安装好轮胎和车轮等装置，并且放下汽车。

⑩为了检查传感器，可起动发动机，将车开动，观察ABS故障警告灯是否点亮。如果警告灯不亮，说明系统正常，传感器良好，否则说明ABS还有问题。

（2）关于后轮转速传感器的调整，下面仍以丰田卡罗拉ABS为例进行介绍，调整步骤如下：

①举升汽车，拆下相应的后轮和车轮装置。
②拆下后轮制动钳和转动装置。
③拧松传感器支架上的紧固螺钉。

④拆下传感器衬套固定螺栓和传感头。

⑤将传感器衬套里外清洗干净，保证传感器能在里面自由滑动，再将传感头上的脏物、金属粉清理干净。

⑥在传感器头的端面粘贴新的纸垫片，纸垫片上做一"R"标记表示该传感器为后轮转速传感器。纸垫片厚度：35脚电控单元ABS的是0.65mm，32脚电控单元ABS的是1.1mm。

⑦装回传感器钢衬套和紧固螺栓。钢衬套的安装，保证给螺钉提供一个新的锁死凹痕面。

⑧装回传感头，拧紧固定螺栓。

⑨推动传感头，使其向传感器齿圈顶端移动，直到纸垫片与传感头齿圈接触为止。让传感器保持这种状态，然后用2.4～4N·m的力矩拧紧紧固螺钉，使传感头定位。

⑩重新安装好轮胎和车轮等装置，并且放下汽车。

⑪起动发动机，观察ABS故障警告灯是否点亮。如果警告灯不亮，说明系统正常，传感器良好，否则说明ABS还有问题。

（3）车轮转速传感器的更换。如果通过启动自诊断系统发现车轮转速传感器不良，应用数字万用表测量它的线圈电阻。电阻大表明有断路，电阻小则表明有短路。无论出现上述哪种情况，一般都要更换传感头。更换传感头的过程与传感器调整过程基本一样，只是因车型不同而略有不同。

①举升汽车，拆下车轮。
②拆下后轮制动器，注意做相应的记号。
③拆下传感器插头。
④拆下固定后轮轴承、车轮转速传感器组件的螺栓与螺母，旋转轴的凸缘，使洞口对准螺钉，以便取出螺钉。
⑤拆下轴承总成。
⑥安装时按与拆卸相反的顺序进行，最后放下汽车。
⑦试车验证传感器更换情况的好坏。

注意：将螺钉、轴承和传感器拆下之后，制动鼓总成应挂在制动油管上，若移动制动总成，会损伤制动油管。

技术标准与要求

（1）ABS与普通制动系统是不可分的，必须将二者视为一个整体进行维修，不能只把注意力集中于传感器、电控单元和液压调节器上。

（2）ABS电控单元对过电压、静电非常敏感，点火开关接通时，不能插或拔电控单元上的连接器；给蓄电池进行充电时，要将蓄电池从车上拆卸下来或摘下蓄电池电缆，然后再进行充电。

（3）拆卸车轮转速传感器时，注意不要碰伤传感头，不要用传感器齿圈当作撬面，以免损坏传感器。安装传感器时应先给其涂覆防锈油，且安装过程中不可敲击传感器。

（4）维修ABS液压控制装置时，切记要首先进行泄压，然后进行修理。

（5）更换ABS零部件时，必须选用本车型高质量的原型配件，确保ABS维修后能正常工作。

（6）注意操作人员及设备的安全。

三 实训时间 30min ★★★

四 实训教学目标

（1）ABS控制系统的组成与分类。
（2）ABS控制系统的结构及工作原理。
（3）卡罗拉1.6T ABS控制系统的故障与电路分析。
（4）卡罗拉1.6T 右前气囊传感器的检修。

五 实训器材

解码仪

万用表

其他工具及器材：
卡罗拉1.6AT车型、举升机、三件套、常用工具等。

六 教学组织

1 教学组织形式

在教学时，1名教师采用一对多组的并联教学方式，在老师的讲解示范过程中，运用视频投影的方式扩大现场的可视范围，提高操作细节的可视度，解决一对多组教学的示范观摩难点；将作业项目根据学生一次所能接受掌握的程度细分为若干个简单工序步骤进行操作学习。

2 学生站位分工和要求

4名学生为1组，2人为1小组，分别站于车辆的前后左右侧，根据项目的操作随时变换位置。

3 实训教师职责

老师通过播放1段视频影像，讲解1段操作工艺，学生则通过观看影像资料，跟随实际操作，把技能操作通过屏幕放大展现给全体同学，然后老师同步讲解要领，学生跟进实际操作，老师现场检查、指导并纠正操作错误。

4 学生职责变换

在实训工序中，1个小组的同学实际操作，另1个小组的同学现场观摩指导。每完成1个实训项目2个小组交换1次，每次实训中，1个小组的同学完成一次实训工艺课教学，另1小组的同学则完成1次实训示范课教学。

七 操作步骤

★ 第一步 事前准备

 参训学生将工位卫生清理干净,排除障碍物,将车辆送入车间并将其停放在举升平台上。

提示:

培养良好的工作习惯,做好事前准备,有利于安全操作和提高工作效率。

 对客户反映的故障现象进行分析(约请客户一起检查故障),填写用户故障分析表。

提示:

作业内容为:向顾客询问故障发生时的条件和环境。

用户故障分析表

用户姓名		登记号	
		登记年月日	
		车架号	
送修日期		里程表读数(km)	
故障发生的情况	发生故障日期		
	故障地点	□高速路况 □城市路况 □良好路面 □积雪或砂石路面 □其他	
故障现象	□前轮抱死时(□正常 □失去左转向能力 □失去右转向能力)		
	□后轮抱死时(□正常 □左侧跑偏 □右侧跑偏 □左侧侧滑 □右侧侧滑)		
	□制动距离(□正常 □过长 □过短)		
	□使用ABS时转向盘情况(□正常 □急转弯 □快速变道 □其他)		
	□其他		
其他项目	检查故障指示灯	□ABS警告灯(□正常 □不亮 □一直亮)	
		□制动警告灯(□正常 □不亮 □一直亮)	
		□制动液液位(□正常 □偏高 □偏低)	
代码检查	第1次	□正常代码 □故障代码	
	第2次	□正常代码 □故障代码	

3 准备工具仪器。

4 检查清洁工具仪器。

5 打开车门。

6 安装地板垫。

7 安装转向盘套。

8 安装座椅套。

9 拉起发动机舱盖解锁手柄。

10 拉起发动机舱盖释放杆。

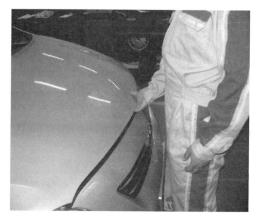

11 拉起发动机舱盖。

12 取出发动机舱盖支承杆。

13 支起发动机舱盖。

14 安装翼子板布。

15 安装前格栅布。

16 安装车轮挡块。

17 插上尾气排气管。

18 检查智能解码仪设备。

任务 1　防抱死制动系统（ABS）的检测

取出解码仪。

提示：

（1）解码仪应轻取轻放，避免损坏。

（2）不同厂家生产的解码仪有不同的连接方法。

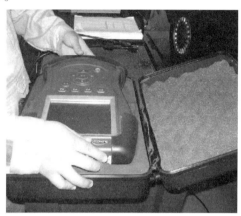

20 检查插座的正反面。

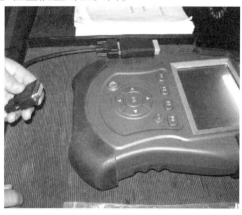

 针脚对应插入，进行诊断插座线束与解码仪连接。

提示：

一手拿住解码仪，一手拿住插座体，看清插座的正反面，将针脚平直插入。

22 锁紧连接器。

23 选择合适的OBD-Ⅱ诊断插座连接器。

注意选用与车型相对应的诊断插头。

24 对准针脚进行连接。

看清插座的正反面，针脚要对应插入。

25 锁紧连接器。

第二步　检查CAN通信系统

1 点火开关应处于关闭状态。

提示：
将点火开关处于关闭状态，可以防止断开蓄电池与汽车电气系统连接时，产生的电动势会损坏电器元件和电控单元。

2 正确连接诊断仪器至DLC3。

提示：
必须注意，正确连接之后指示灯应亮起。

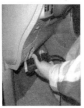  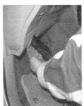

3 将点火开关置于ON挡。

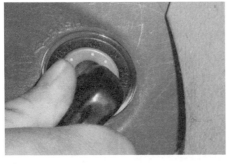

4 按压KT600电源开关，打开智能检测仪主菜单。

5 从解码仪背部正确取出解码仪触摸笔。

6 选择"普通模式"进入系统。

7 选择主菜单中的"汽车诊断"选项，系统进入第二菜单。

8 用触摸笔点击第二菜单中的"TOYOTA"车型图标，系统进入中国车系。

任务 **1** 防抱死制动系统（ABS）的检测

9 点击"新车"进入下一菜单。

10 点击选择"COROLLA"车型进入下一界面。

11 选择相应发动机型号的卡罗拉系统进入诊断窗口,用触摸笔点击"COROLLA(GL)"。

 提示:

必须选择与检测车辆相应的车型,如果选择错误的车型,则系统可能无法进入诊断状态。

12 进入卡罗拉各系统诊断界面后,点击"CAN"通信系统。

13 进入卡罗拉"CAN"通信系统,选择"当前故障码"选项点击,系统自动进入故障码的查找,并显示"查找结果",记录故障码。

14 得出测试结果。

结 果	转 至
正常,未输出CAN通信DTC	警告灯故障检查
不正常,输出CAN通信DTC	检查CAN通信电路

🌲 第三步 警告灯故障检查

1 松开驻车制动器。

 提示:

松开驻车制动器前,为确保安全起见,应将换挡杆换入P挡(自动传动桥式车辆),或在汽车轮下放置固定楔块以固定车辆(手动传动桥式车辆)。

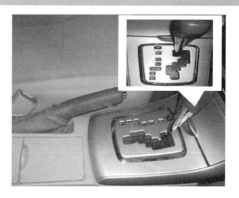

2 检查制动液液位。

提示:

施加驻车制动或制动液液位低时,制动警告灯会亮起且多信息显示屏(带多信息显示屏的车辆)上会显示警告信息。

若液位低于"MIN"标记,警告灯亮起且显示警告标记

3 将点火开关置于ON挡。

4 ABS警告灯和制动警告灯亮起约3s。

提示:

如果警告灯检查结果异常,应对ABS警告灯和制动警告灯电路进行故障排除。

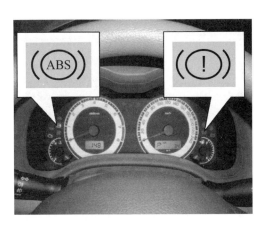

5 如果指示灯一直亮,应对下表中所示的车灯电路进行故障排除。

故障部位	参见程序
ABS警告灯电路(一直亮)	参见知识链接或维修手册
制动警告灯电路(一直亮)	参见知识链接或维修手册

6 如果指示灯不亮,应对下表中所示的车灯电路进行故障排除。

故障部位	参见程序
ABS警告灯电路(一直亮)	参见知识链接或维修手册
制动警告灯电路(一直亮)	参见知识链接或维修手册

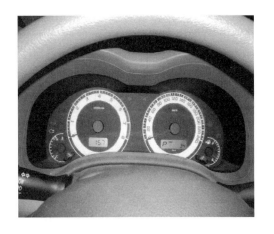

任务 1 防抱死制动系统(ABS)的检测

第四步　故障DTC诊断

1 进入卡罗拉各系统诊断界面后，点击"ABS/VSC/TRC"系统。

 提示：

查找结果为C0205/32（左前轮转速传感器电路）。

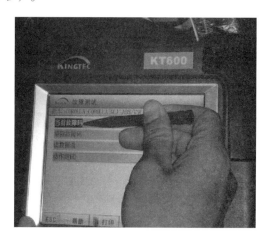

2 选择"当前故障码"选项点击，系统自动进入故障码的查找，并显示"查找结果"，记录故障码。

ABS测量项目表

检测仪显示	测量项目/范围	正常状态
FR Speed Open	右前轮转速传感器断路检测/ERROR或NORMAL	ERROR:瞬间中断 NORMAL：正常
FL Speed Open	左前轮转速传感器断路检测/ERROR或NORMAL	ERROR:瞬间中断 NORMAL：正常
RR Speed Open	右后轮转速传感器断路检测/ERROR或NORMAL	ERROR:瞬间中断 NORMAL：正常
RL Speed Open	左后轮转速传感器断路检测/ERROR或NORMAL	ERROR:瞬间中断 NORMAL：正常

3 按照智能检测方法，测出以上的指示数据，用数据表予以显示，并选择要监测的瞬间中断部位。

 提示：

（1）将点火开关置于ON挡后3s内无法检测到瞬间中断（断路）（初始检查）。

（2）如果这种状态保持不变（显示ERROR），则检查ECU和传感器之间或各个ECU之间的导通性。

（3）线束信号从瞬间中断（断路）变为正常状态后，智能检测仪上的ERROR显示会持续1s。

4 观察屏幕时，轻轻晃动ECU和传感器之间的连接器或线束。正常情况下，ERROR显示不会发生变化。

 提示：

如果显示发生变化，连接器或线束可能存在瞬间中断（断路）故障。应该修理或更换有故障的连接器或线束。

结　果	转　至
有瞬间中断	关闭点火开关
无瞬间中断	起动发动机
有持续断路	故障检查排除

5 将点火开关置于OFF位置。

6 检查防滑控制ECU和前轮转速传感器之间是否有任何瞬间中断现象。

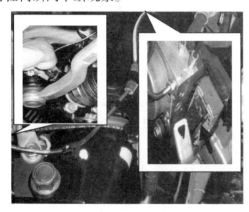

7 维修或更换线束或连接器（防滑控制ECU—前轮转速传感器）。

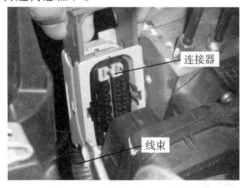

8 检查确认无瞬间中断现象。

9 再次检查DTC。

10 操作智能检测仪清除故障码，进入菜单项：Chassis/ABS/VSC/TRC/DTC/Clear。

11 显示"清码命令已执行"界面。

12 起动发动机。

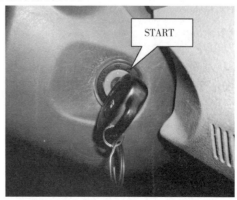

任务 1　防抱死制动系统（ABS）的检测

13 以40km/h或更高的速度行驶至少60s。

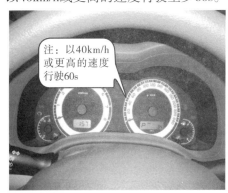

注：以40km/h或更高的速度行驶60s

14 检查是否记录同一DTC。

结 果	转 至
输出DTC（C0200/31或C0205/32）	故障检查排除
未输出DTC（C0200/31或C0205/32）	正常结束

15 驾驶车辆时，注意观察智能检测仪上显示的转速传感器的输出速度值和速度表上的速度值，两个值应没有差别。

 提示：

影响所显示车速数据的因素，包括车轮尺寸、轮胎气压和轮胎磨损情况。显示在速度表上的速度有一个允许的公差范围，可在速度表测试台（校准的底盘测功机）上进行测试，进而得出准确的公差范围（参见维修手册）。

检测仪显示	检测项目/范围	正常状态	诊断备注
FL Speed Open	左前轮转速读数/最低：0km/h；最高：326.4km/h	实际车轮转速	与速度表显示的速度相近

 提示：

正常：智能检测仪上显示的转速传感器的输出速度值和使用速度表测试台（校准的底盘测功机）测量的实际车速相同，则执行信号检查。

异常：转至故障检查与排除。

16 执行测试模式（信号检查），在测试模式（参见附表一）中执行传感器检查。

 提示：

正常：清除所有测试模式DTC。

异常：进行故障检查与排除。

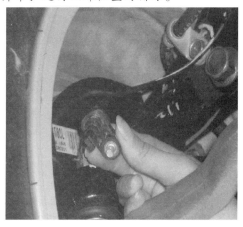

17 症状模拟，进入诊断系统查找出故障症状，再次检查DTC。

结 果	转 至
输出DTC（C0200/31或C0205/32）	故障检查与排除
未输出DTC（C0200/31或C0205/32）	检查是否存在间歇性故障

 提示：

故障症状表参见附表二。

第五步 故障检查排除

1 将点火开关置于OFF位置。

2 检查转速传感器的安装情况。

提示:

正常:要求传感器与前转向节之间无间隙;安装螺母时,紧固力矩正确。

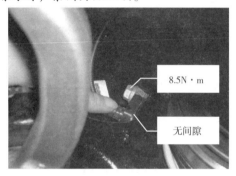

异常:要求传感器与前转向节之间有间隙,应正确安装前轮转速传感器。

3 拆下前轮转速传感器。

4 检查转速传感器端部。

提示:

正常:传感器端部无划痕或异物,并执行前轮转速传感器安装。

异常:清洁或更换前轮转速传感器,并注意检查转速传感器信号。

5 安装前轮转速传感器。

6 确保锁止件和连接器连接部件没有松动。

7 断开前轮转速传感器连接器。

根据下表中所列的阻值测量电阻。

检测仪连接	条 件	规定状态
2（FL+）-车身搭铁	始终	10kΩ或更大
1(FL-)-车身搭铁	始终	10kΩ或更大

提示：

更换后检查转速传感器信号。

正常：断开防滑控制ECU连接器。

异常：更换前轮转速传感器。

没有线束连接的零部件：
（前轮转速传感器）

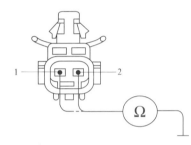

9 断开防滑控制ECU连接器。

操作一：水平向上拉出锁扣。

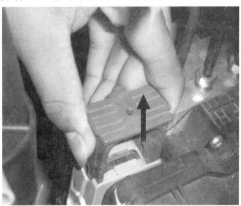

操作二：水平拔出ECU连接器。

 根据下表中所列的阻值测量电阻。

提示：

异常：维修或更换线束或传感器。

正常：重新连接防滑控制ECU连接器。

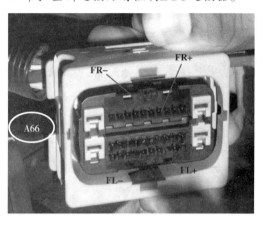

标准电阻（左侧）见下表。

检测仪连接	条 件	规定状态
A66-19(FL+)-A28-2(FL+)	始终	小于1Ω
A66-19（FL+）-车身搭铁	始终	10kΩ或更大
A66-18(FL-)-A28-1(FL-)	始终	小于1Ω
A66-18 (FL-)-车身搭铁	始终	10kΩ或更大

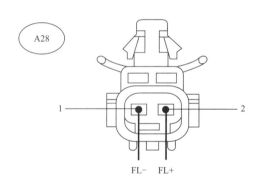

 重新连接防滑控制ECU连接器。

提示：

操作顺序必须先①后②，如下图所示。

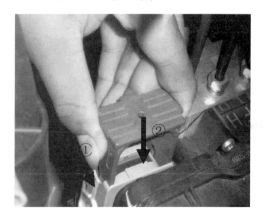

12 将点火开关置于ON挡。

13 根据下表中的值测量电压。

标准电压（左侧）如下表所列。

检测仪连接	开关状态	规定状态
A28-2(FL+)-车身搭铁	点火开关置于ON挡	8~14V

提示：

异常：更换制动器执行器总成。

正常：再次检查DTC。

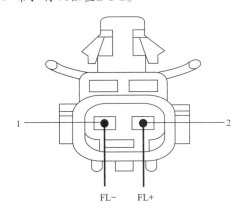

14 再次检查DTC。

结　果	转　至
输出DTC（C0200/31或C0205/32）	更换前轮转速传感器转子
未输出DTC（C0200/31或C0205/32）	正常结束

15 更换前轮转速传感器转子后，再次检查DTC。

结　果	转　至
输出DTC（C0200/31或C0205/32）	更换制动器执行器总成
未输出DTC（C0200/31或C0205/32）	正常结束

第六步　故障排除后复检

1 读取故障码显示"系统正常"。

2 读取数据流显示"数据流测试"界面。

提示：

若故障复检结果均正常，表示故障已排除。

任务 1　防抱死制动系统（ABS）的检测

🌲 第七步 整理工位

1 单击ESC键,将诊断仪退出到汽车诊断界面。

提示:

作业项目完成后,要搞好工位的清扫、整理工作,培养良好的工作习惯。

2 关闭点火开关。

3 关闭智能解码仪。

4 将诊断头从诊断座中拔出,并盖上端盖。

5 将诊断仪放置于工具车上。

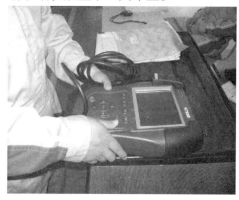

6 将转向盘护套取出。

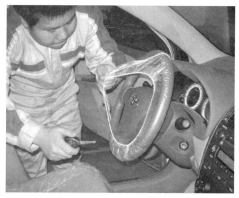

7 将座套取出。

8 将脚垫取出。

9 转向盘护套、座套、脚垫置于垃圾车内。

10 将翼板护垫取下，置于工具车上。

11 将前格栅护垫取下，置于工具车上。

12 将发动机支承杆放下，置于规定位置。

13 将发动机舱盖合上，并检查锁扣已安全落位。

14 拆除尾气抽气管。

15 拆除车轮挡块。

16 将诊断仪放入盒内，清理工具台。

任务 1　防抱死制动系统（ABS）的检测

八、考核标准

考核标准表

考核时间	序号	考核项目	满分	评分标准	得分
30min	1	清理工位,将被检查车辆平稳地停于举升平台上	0.5分	操作不当扣0.5分	
	2	约请客户一同检查故障,填写用户故障分析表	2.5分	停车不当扣2.5分	
	3	工具、仪器的准备	0.5分	操作不当扣0.5分	
	4	检查清洁工具、仪器	0.5分	操作不当扣0.5分	
	5	打开车门,安装三件套	2分	操作不当扣2分	
	6	安装翼子板布、前格栅布	2分	操作错误扣2分	
	7	安放车轮挡块	0.5分	操作错误扣0.5分	
	8	插尾气排气管	0.5分	操作错误扣0.5分	
	9	连接DLC3,点火开关置于ON挡	2分	操作不当扣2分	
	10	进入CAN通信系统,读取CAN系统的DTC	3分	操作不当扣3分	
	11	检查CAN通信系统	5分	操作不当扣5分	
	12	将点火开关置于ON挡,检查警告灯点亮情况	5分	操作不当扣5分	
	13	ABS警告灯检查	8分	酌情扣分	
	14	进入ABS进行故障DTC的诊断	5分	操作错误扣5分	
	15	读取故障码	5分	操作错误扣5分	
	16	读取数据流	5分	操作错误扣5分	
	17	清除故障码	2分	操作不当扣2分	
	18	再次读取故障码	3分	操作不当扣3分	
	19	检查线束和连接器(瞬间中断)	4分	操作不当扣4分	
	20	维修或更换线束或连接器(防滑控制ECU—前轮转速传感器)	5分	操作错误扣5分	
	21	再次检查DTC,执行测试模式(信号检查)	6分	操作不当扣6分	
	22	症状模拟,进入诊断系统查找出故障症状,再次检查DTC	3分	操作错误扣3分	
	23	检查前轮转速传感器的安装情况	5分	操作错误扣5分	
	24	检查前轮转速传感器端部	5分	操作错误扣5分	
	25	检查前轮转速传感器	5分	操作错误扣5分	
	26	检查线束和连接器(防滑控制ECU—前轮转速传感器)	5分	操作错误扣5分	
	27	故障复检	5分	操作不当扣5分	
	28	作业后整理工位	3分	酌情扣分	
	29	遵守相关安全规范		因违规操作造成人身和设备事故的,总分按0分计	
		分数合计	100分		

附表一：

测试模式DTC列表

DTC 代码	检测项目	故障部位
C1271/71	右前轮转速传感器低输出信号	右前轮转速传感器；传感器的安装；转速传感器转子
C1272/72	左前轮转速传感器低输出信号	左前轮转速传感器；传感器的安装；转速传感器转子
C1273/73	右后轮转速传感器低输出信号	右后轮转速传感器；传感器的安装；转速传感器转子
C1274/74	左后轮转速传感器低输出信号	右后轮转速传感器；传感器的安装；转速传感器转子
C1275/75	右前轮转速传感器输出信号变化异常	转速传感器转子
C1276/76	左前轮转速传感器输出信号变化异常	转速传感器转子
C1277/77	右后轮转速传感器输出信号变化异常	转速传感器转子
C1278/78	左后轮转速传感器输出信号变化异常	转速传感器转子

附表二：

故障症状表

故障症状	可疑部位
ABS、BA 或 EBD 不工作	再次检查 DTC，并确保输出正常系统代码
	IG 电源电路
	前轮转速传感器电路
	后轮转速传感器电路
	用智能检测仪检查制动器总成（利用主动测试功能检查制动器总成的工作情况）。如果异常，则检查液压回路是否泄漏
	如果上述可疑部位中的电路检查完毕并证明一切正常，而症状仍然存在，则更换制动器执行器总成（防滑控制 ECU）
ABS、BA 或 EBD 不能有效工作	再次检查 DTC，并确保输出正常系统代码
	前轮转速传感器电路
	后轮转速传感器电路
	制动灯开关电路
	用智能检测仪检查制动器总成（利用主动测试功能检查制动器总成的工作情况）。如果异常，则检查液压回路是否泄漏
	如果上述可疑部位中的电路检查完毕并证明一切正常，而症状仍然存在，则更换制动器执行器总成（防滑控制 ECU）
ABS 传感器 DTC 检查无法进行	再次检查 DTC，并确保输出正常系统代码
	TC 与 CG 端子电路
	如果上述可疑部位中的电路检查完毕并证明一切正常，而症状仍然存在，则更换制动器执行器总成（防滑控制 ECU）
ABS 警告灯和多信息显示屏（*1）异常（一直亮）	ABS 警告灯电路
	制动器执行器总成（防滑控制 ECU）
ABS 警告灯和多信息显示屏（*1）异常（不亮）	ABS 警告灯电路
	制动器执行器总成（防滑控制 ECU）
制动警告灯和多信息显示屏（*1）异常（一直亮）	制动警告灯电路
	制动器执行器总成（防滑控制 ECU）
制动警告灯和多信息显示屏（*1）异常（不亮）	制动警告灯电路
	制动器执行器总成（防滑控制 ECU）
无法进行传感器检查	TS 与 CG 端子电路
	制动器执行器总成（防滑控制 ECU）

注意：（*1）表示带有多信息显示屏的车型。

任务2 自动变速器（AT）挡位开关的检测

一、任务说明

1. AT挡位开关的功用

AT挡位开关是用来向ECU（电控单元）传输换挡手柄所处的位置信息，然后由ECU（电控单元）根据这个位置信息相应地确定驾驶人的操纵意图。换挡手柄的结构如图2-1所示。

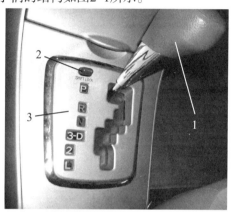

图2-1　换挡手柄的结构

1-换挡手柄；2-锁止按钮；3-挡位

2. AT挡位开关的位置

挡位开关（图2-2）位于变速器拉锁总成与变速器之间。

图2-2　挡位开关的结构

1-变速器控制拉锁总成；2-控制杆；3-锁止板；4-挡位开关总成；5-变速器；6-发动机1号底罩

3. AT挡位开关的类型

挡位开关一般可分为霍尔式、滑变电阻式、触点式三种。乘用车上很少使用霍尔式挡位开关，大多使用后两种开关。卡罗拉1.6AT车型采用的挡位开关是滑变电阻式的。

4. 操纵机构

通过操纵换挡手柄，即可实现车辆在不同路况下选择适合的行驶速度。换挡手柄操纵挡位的形式，如图2-3所示。

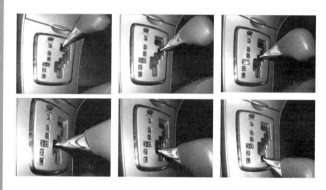

图2-3　操纵挡位的形式

卡罗拉1.6AT车型挡位分为P、R、N、3-D、2、L六挡。

1）P位——停车挡（Parking）

该挡作停车使用。它是利用机械装置去锁紧汽车的传动部分，使汽车不能移动。当换挡手柄处在此位置时，变速器输出轴锁止。当汽车需要在一个固定位置上停留较长一段时间，或在车辆停靠在某处之后驾驶人离开车辆之前，应该拉好驻车制动器并将换挡手柄推进P位。需要注意的是，车辆一定要在完全停止时才可使用P挡，否则会损坏自动变速器的机械部分。另外，自动变速器车型安装有空挡起动开关，使得汽车只能在"P"或"N"挡才能起动发动机，以避免在其他挡位上误起动时使汽车突然前窜。

2）R位——倒车挡（Reverse）

当换挡手柄在此位置时，变速器输入轴的转动方向与输出轴的转动方向相反，实现倒车。通常要按下换挡手柄上的保险按钮，才可将换挡手柄移至R挡。需要注意的是，当车辆尚未完全停稳时，绝对不可以强行将换挡手柄移至R挡，否则会严重损坏变速器。

3）N位——空挡(Neutral)

暂时停车时（如遇到交通信号为红灯时），用此挡位。当换挡手柄在此位置时，发动机与变速器之间的动力已经被切断。变速器处于空挡位，功用与在P挡时相同，但输出轴不锁止，可起动发动机。如短暂停留可将换挡手柄置于此挡并拉起驻车制动杆，右脚可移离制动踏板稍作休息。注意，为防止车辆在斜坡上溜动，一定要踩住制动踏板。

4）3-D位——前进挡(Third-Drive)

该挡用在一般道路行驶，又称驱动挡。由于不同车型有不同的设计，在行驶时，卡罗拉1.6AT的电液式变速系统一般多用此挡位，在"3-D"挡，自动变速器ECU可根据车速及负荷的变化而实现从1挡至高挡的自动换挡，从而使驾驶人控制车速的快慢，且只要控制好加速踏板就可以了。

5）2位——2挡位前进挡（Second Gear）

此时，变速器只能在1挡、2挡之间变换，不会跳到3挡和4挡。将换挡手柄放置在2挡位，汽车会由1挡起步，当速度增加时会自动转至2挡。2挡可以用作汽车上、下坡之用，此挡位的好处是当汽车上或下坡时，车辆会稳定地保持在1挡或2挡位置，不会因上坡的负荷或车速的不平衡使变速器不停地换挡。汽车在下坡时，可利用发动机高转速的阻力作制动，也不会导致车速越来越快。

6）L位——低速挡（Low）

当换挡手柄在此位置时，具有发动机制动功能，适用在陡坡或较差的路面状况下行驶。驾驶人可以限制自动挡汽车在下山的路上或者下长距离的斜坡时，只在最低挡（相当于手动挡汽车的1挡）上使用发动机进行制动，不必长时间踩制动踏板导致制动摩擦盘或制动摩擦片过热而发生危险。

二 技术标准与要求

（1）变速杆操作性能正常。
（2）变速器与发动机连接紧固牢靠。
（3）变速器齿轮、轴、轴承等零件技术状况及部件配合良好。
（4）变速叉轴定位槽、定位球、定位弹簧等锁止装置稳定可靠。

三 实训时间 40min ★★★★

四 实训教学目标

（1）卡罗拉1.6T挡位开关的功用、类型及安装位置认知。
（2）卡罗拉1.6T操纵机构的学习。
（3）按正确的检修方法和步骤进行检修并正确验证故障排除后的效果。

五 实训器材

解码仪

万用表

其他工具及器材：

10mm套筒、12mm套筒、24mm套筒接杆、棘轮扳手、砂布、翼子板护裙及三件套等。

六 教学组织

1 教学组织形式

在教学时，1名教师采用一对多组的并联教学方式，在老师的讲解示范过程中，运用视频投影的方式扩大现场的可视范围，提高操作细节的可视度，解决一对多组教学的示范观摩难点；同上将作业项目根据学生一次所能接受掌握的程度细分为若干个简单工序步骤进行操作学习。

2 学生站位分工和要求

4名学生为1组，2人为1小组，分别站于车辆的前后左右侧，根据项目的操作随时变换位置。

3 实训教师职责

老师通过播放1段视频影像，讲解1段操作工艺，学生则通过观看影像资料，跟随实际操作，把技能操作通过屏幕放大展现给全体同学，然后老师同步讲解要领，学生跟进实际操作，老师现场检查、指导并纠正操作错误。

4 学生职责变换

在实训工序中，1个小组的同学实际操作，另1个小组的同学现场观摩指导。每完成1个实训项目2个小组交换1次，每次实训中，1个小组的同学完成1次实训工艺课教学，另1小组的同学则完成1次实训示范课教学。

七 操作步骤

★ 第一步 事前准备

 参训学生将工位卫生清理干净，排除障碍物，将车辆送入车间并将其停放于举升平台上。

提示：

培养良好的工作习惯，做好事前准备，有利于安全操作和提高工作效率。

 客户车辆的故障分析（约请客户一同确认故障），并填写用户故障分析表。

提示：

作业内容为：向顾客询问故障发生时的条件和环境。

用户故障分析表

用户姓名		登记号	
		登记年月日	
		车架号	
送修日期		里程表读数（km）	
故障发生的情况	发生故障日期		
	故障间隔时间	□连续 □间断（ 次/天）	

续上表

故障次数	□车辆不行驶（□任何挡位 □特定挡位）	
	□无上行换挡（□1挡—2挡 □2挡—3挡 □3挡—超速挡）	
	□无下行挡位（□超速挡—3挡 □3挡—2挡 □2挡—1挡）	
	□换挡点过高或过低	
	□结合不柔和（□空挡—超速挡 □锁定 □任何挡位）	
	□滑移或颤动	
	□无自动跳和	
	□无模式选择	
	□其他	
其他项目	检查故障指示灯	□亮 □不亮

3 工具仪器准备。

提示：

工作台上所放工具设备必须为该项目所用，并且放置位置尽量以就近拿取方便为原则，以利于提高工作效率。

4 检查清洁工具仪器。

提示：

工作台上所放工具设备准备完毕后，应再次检查以防操作过程中发现缺少使用工具设备现象，导致延误工序。另外，工具使用后应注意清洁。

5 打开车门。

提示：

车门开启幅度要适当，车门关闭后必须对手柄处进行清洁，养成良好习惯，形成规范操作。

6 安装地板垫。

提示：

安装地板垫时，必须将其对正驾驶人所踩位置水平铺正，以保证在操作过程中驾驶室地板的清洁。

安装转向盘套。

提示:

在安装转向盘套时,用力要均匀,避免因用力过大造成其损坏。

 安装座椅套。

提示:

座椅套是由薄塑料制成的,极易破损。故在安装时,要注意各细节的处理,以保证座椅套平稳地铺于座椅上。

 安装车轮挡块。

提示:

车轮挡块必须对正轮线中央,确保安装到位,从而保证操作安全。

 插尾气抽气管。

提示:

必须注意尾气管拿、插、放的规范操作,以及相关安全细节。

🌲 第二步 车上检查

1 拉紧驻车制动器并将点火开关置于ON挡。

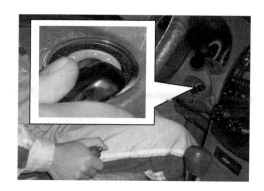

 踩下制动踏板,将换挡手柄置于P挡,看发动机能否起动。

提示:

如果正常,即发动机能起动,则检查换挡手柄置于N挡时发动机的工作情况。

如果不正常,即发动机不能起动,则进行就车检查。

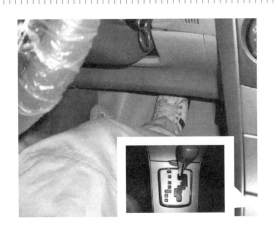

3 踩下制动踏板,将换挡手柄置于N挡,看发动机能否起动。

如果正常,即发动机能起动,则检查倒车灯点亮情况。

如果不正常,即发动机不能起动,则进行就车检查。

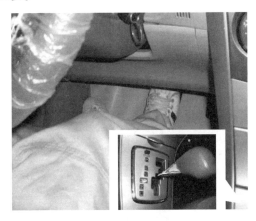

4 检查并确认当换挡手柄在R位置时倒车灯应点亮,倒挡警告蜂鸣器应鸣响。

如果不正常,则检查倒车灯及倒挡警告蜂鸣器电路。

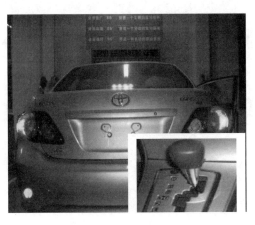

5 检查并确认当换挡手柄在P位置时倒车灯的点亮情况,应不点亮,倒挡警告蜂鸣器应不鸣响。

如果不正常,检查驻车挡空挡位置开关的导通性。

6 检查并确认当换挡手柄在N位置时倒车灯应不点亮,倒挡警告蜂鸣器应不鸣响。

如果不正常,检查驻车挡空挡位置开关导通性。

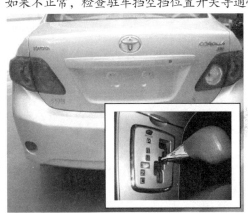

7 检查并确认当换挡手柄在3-D位置时倒车灯应不点亮,倒挡警告蜂鸣器应不鸣响。

如果不正常,检查驻车挡空挡位置开关导通性。

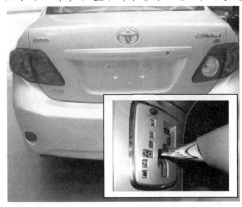

8 检查并确认当换挡手柄在2位置时倒车灯应不点亮,倒挡警告蜂鸣器应不鸣响。

提示:

如果不正常,检查驻车挡空挡位置开关导通性。

9 检查并确认当换挡手柄在L位置时倒车灯应不点亮,倒挡警告蜂鸣器应不鸣响。

提示:

如果不正常,检查驻车挡空挡位置开关导通性。

第三步 就车检测

1 检查点火开关是否置于OFF挡。

提示:

如果在其他挡位,将点火开关置于OFF挡。

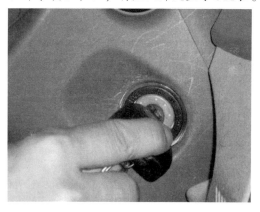

2 将智能检测仪连接到DLC3上。

提示:

必须检查智能检测仪与DLC3是否正常连接,即指示灯是否亮起。指示灯亮起则正常,否则检查诊断端口。

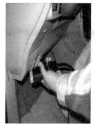  

3 将点火开关置于ON挡。

4 按压KT600电源开关,打开智能检测仪主菜单。

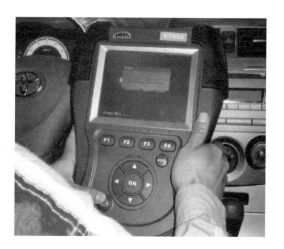

5 从解码仪背部正确取出解码仪触摸笔。

6 选择"普通模式",进入系统。

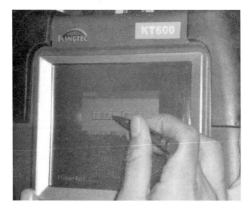

7 选择主菜单中的"汽车诊断"选项,系统进入第二菜单。

8 用触摸笔点击第二菜单中的"TOYOTA"车型图标,系统进入中国车系。

9 点击"新车"进入下一菜单。

10 点击选择"COROLLA"车型进入下一界面。

11 选择相应发动机型号的卡罗拉系统进入诊断窗口,用触摸笔点击"COROLLA(GL)"。

 提示:

　　必须选择与检测车辆相应的车型,如果选择错误的车型,则系统可能无法进入诊断状态。

12 进入卡罗拉各系统诊断界面后，点击"ENGINE AND ECT"系统。

13 点击"读取数据流"。

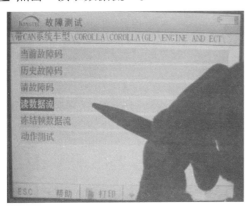

14 点击"主要数据流"或"全部数据流"。

15 显示相关数据并分析。

🌲 第四步　导通性检查

1 断开驻车挡/空挡位置开关总成上的连接器。

2 将挡位开关装上转接插头，利用转接插头进行测量。

 提示：
用测试延长线也可测量。

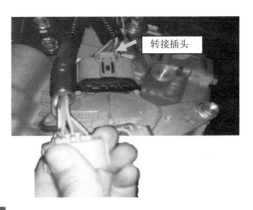

3 根据附表一中所列的值测量电阻。

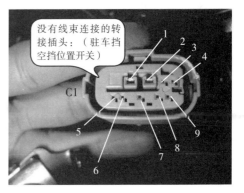

4 将万用表调至20Ω量程挡，将红黑表笔相连，电阻小于0.5Ω为正常，否则更换万用表。

:

实校万用表内阻为0.35Ω。

5 将点火开关置于OFF位置，换挡手柄换入P挡时，检测仪连接2-6端子。

:

如果正常，检测仪显示小于1Ω。

如果不正常，检测仪显示大于1Ω或无穷大，说明线束问题或挡位开关故障，需进行维修或调整。

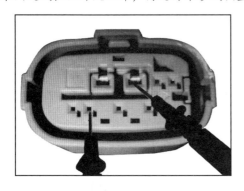

6 将点火开关置于OFF位置，换挡手柄换入P挡时，检测仪连接4-5端子。

:

如果正常，检测仪显示小于1Ω。

如果不正常，检测仪显示大于1Ω或无穷大，说明线束问题或挡位开关故障，需进行维修或调整。

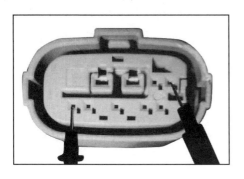

7 将点火开关置于OFF位置，换挡手柄换入除P挡外任意挡位时，检测仪连接2-6端子。

:

如果正常，检测仪显示10 kΩ或更大。

如果不正常，检测仪显示小于10 kΩ，说明线束问题或挡位开关故障，需进行维修或调整。

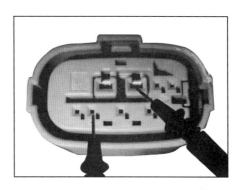

8 将点火开关置于OFF位置，换挡手柄换入除P挡外任意挡位时，检测仪连接4-5端子。

:

如果正常，检测仪显示10 kΩ或更大。

如果不正常，检测仪显示小于10 kΩ，说明线束问题或挡位开关故障，需进行维修或调整。

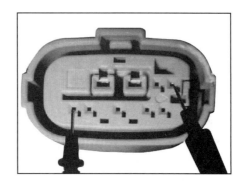

9 将点火开关置于OFF位置，换挡手柄换入R挡时，检测仪连接2-1端子。

:

如果正常，检测仪显示小于1Ω。

如果不正常，检测仪显示小于1Ω，说明线束问题或挡位开关故障，需进行维修或调整。

10 将点火开关置于OFF位置,换挡手柄换入除R挡外任意挡位时,检测仪连接2-1端子。

 提示:

如果正常,检测仪显示10 kΩ或更大。

如果不正常,检测仪显示小于10 kΩ,说明线束问题或挡位开关故障,需进行维修或调整。

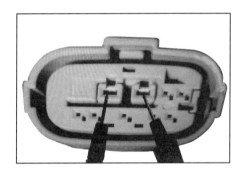

11 将点火开关置于OFF位置,换挡手柄换入N挡时,检测仪连接2-9端子。

 提示:

如果正常,检测仪显示小于1Ω。

如果不正常,检测仪显示大于1Ω或无穷大,说明线束问题或挡位开关故障,需进行维修或调整。

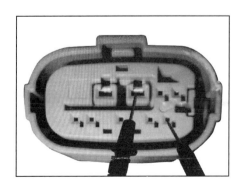

12 将点火开关置于OFF位置,换挡手柄换入N挡时,检测仪连接4-5端子。

 提示:

如果正常,检测仪显示小于1Ω。

如果不正常,检测仪显示大于1Ω或无穷大,说明线束问题或挡位开关故障,需进行维修或调整。

13 将点火开关置于OFF位置,换挡手柄换入除N挡外任意挡位时,检测仪连接2-9端子。

 提示:

如果正常,检测仪显示10 kΩ或更大。

如果不正常,检测仪显示小于10 kΩ,说明线束问题或挡位开关故障,需进行维修或调整。

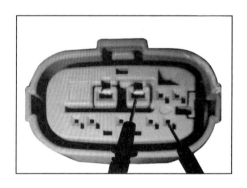

14 将点火开关置于OFF位置,换挡手柄换入除N挡外任意挡位时,检测仪连接4-5端子。

 提示:

如果正常,检测仪显示10 kΩ或更大。

如果不正常,检测仪显示小于10 kΩ,说明线束问题或挡位开关故障,需进行维修或调整。

15 将点火开关置于OFF位置，换挡手柄换入D挡时，检测仪连接2-7端子。

提示：

如果正常，检测仪显示小于1Ω。

如果不正常，检测仪显示大于1Ω或无穷大，说明线束问题或挡位开关故障，需进行维修或调整。

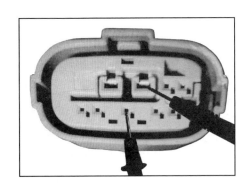

16 将点火开关置于OFF位置，换挡手柄换入3挡时，检测仪连接2-7端子。

提示：

如果正常，检测仪显示小于1Ω。

如果不正常，检测仪显示大于1Ω或无穷大，说明线束问题或挡位开关故障，需进行维修或调整。

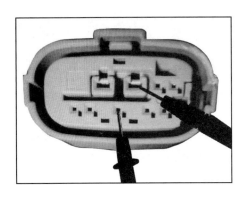

17 将点火开关置于OFF位置，换挡手柄换入除D挡和3挡外任意挡位时，检测仪连接2-7端子。

提示：

如果正常，检测仪显示10 kΩ或更大。

如果不正常，检测仪显示小于10 kΩ，说明线束问题或挡位开关故障，需进行维修或调整。

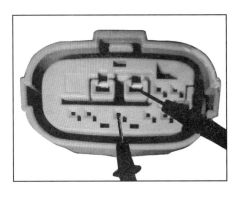

18 将点火开关置于OFF位置，换挡手柄换入2挡时，检测仪连接2-3端子。

提示：

如果正常，检测仪显示小于1Ω。

如果不正常，检测仪显示大于1Ω或无穷大，说明线束问题或挡位开关故障，需进行维修或调整。

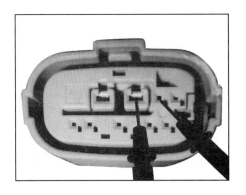

19 将点火开关置于OFF位置，换挡手柄换入除2挡外任意挡位时，检测仪连接2-3端子。

提示：

如果正常，检测仪显示10 kΩ或更大。

如果不正常，检测仪显示小于10 kΩ，说明线束问题或挡位开关故障，需进行维修或调整。

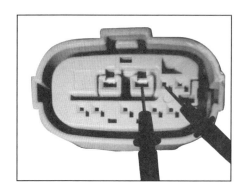

21 将点火开关置于OFF位置，换挡手柄换入除L挡外任意挡位时，检测仪连接2-3端子。

> **提示：**
> 如果正常，检测仪显示10 kΩ或更大。
> 如果不正常，检测仪显示小于10 kΩ，说明线束问题或挡位开关故障，需进行维修或调整。

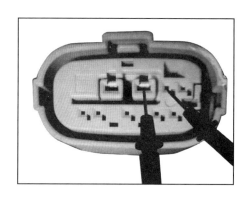

20 将点火开关置于OFF位置，换挡手柄换入L挡时，检测仪连接2-8端子。

> **提示：**
> 如果正常，检测仪显示小于1Ω。
> 如果不正常，检测仪显示大于1Ω或无穷大，说明线束问题或挡位开关故障，需进行维修或调整。

22 导通性测试完毕，插回挡位开关连接器。

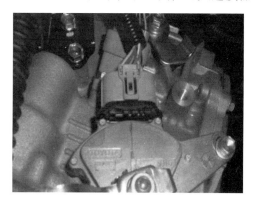

第五步　电压检查

1 断开ECM连接器，进行各开关信号的检测。

2 根据附表二中所列的值测量信号电压。

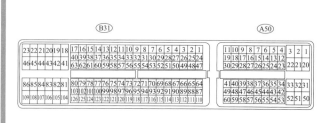

3 将万用表调至20Ω量程，校对表笔，然后将万用表调至20V量程挡。

4 踩下制动踏板，连接A50-36(STP)-B31-104（E1）端子，进行制动灯开关信号检测。

提示：

如果测量电压值为7.5~14V，正常。如果不正常，更换ECM总成，结束。

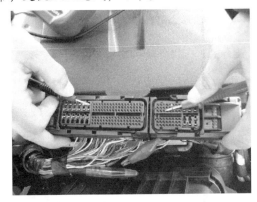

5 松开制动踏板，连接A50-36（STP）-B31-104（E1）端子，进行制动灯开关信号检测。

提示：

如果测量电压值为1.5V，正常。如果不正常，更换ECM总成，结束。

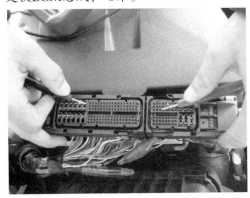

6 点火开关置于ON位置，换挡手柄置于P挡，连接B31-52(NSW)-B31-104(E1)端子，进行驻车挡/空挡开关信号检测。

提示：

如果测量电压值为2V，正常。如果电压低于2V，不正常，更换ECM总成，结束。

7 点火开关置于ON位置，换挡手柄置于N挡，连接B31-52（NSW）-B31-104(E1)端子，进行驻车挡/空挡开关信号检测。

提示：

如果测量电压值为2V，正常。如果不正常，更换ECM总成，结束。

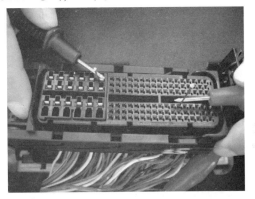

8 点火开关置于ON位置，换挡手柄置于除P和N挡之外的位置，连接B31-52（NSW）-B31-104（E1）端子，进行驻车挡/空挡开关信号检测。

提示：

如果测量电压值为11~14V，正常。如果不正常，更换ECM总成，结束。

9 点火开关置于ON位置，换挡手柄置于P挡，连接B31-73(P)-B31-104(E1)端子，进行驻车挡/空挡开关信号检测。

提示：

如果测量电压值为11～14V，正常。如果不正常，更换ECM总成，结束。

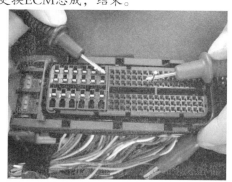

10 点火开关置于ON位置，换挡手柄置于除P挡之外的位置，连接B31-73(P)-B31-104(E1)端子，进行驻车挡/空挡开关信号检测。

提示：

如果测量电压值为低于1V，正常。如果不正常，更换ECM总成，结束。

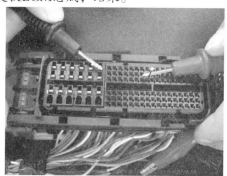

11 点火开关置于ON位置，换挡手柄置于R挡，连接B31-53（R）-B31-104（E1）端子，进行R挡位置开关信号检测。

提示：

如果测量电压值为11～14V，正常。如果不正常，更换ECM总成，结束。

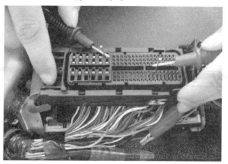

12 点火开关置于ON位置，换挡手柄置于除R挡之外的位置，连接B31-53(R)-B31-104(E1)端子，进行空挡位置开关信号检测。

提示：

如果测量电压值为低于1V，正常。如果不正常，更换ECM总成，结束。

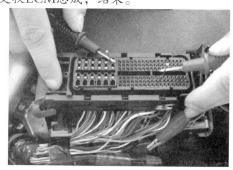

13 点火开关置于ON位置，换挡手柄置于N挡，连接B31-54(N)-B31-104(E1)端子，进行空挡位置开关信号检测。

提示：

如果测量电压值为11～14V，正常。如果不正常，更换ECM总成，结束。

14 点火开关置于ON位置，换挡手柄置于除N挡之外的位置，连接B31-54（N）-B31-104（E1）端子，进行空挡位置开关信号检测。

提示：

如果测量电压值为低于1V，正常。如果不正常，更换ECM总成，结束。

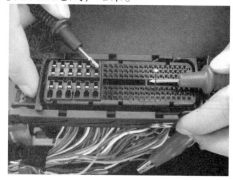

点火开关置于ON位置,换挡手柄置于D挡,连接B31-56(D)-B31-104(E1)端子,进行D挡位置开关信号检测。

提示:

如果测量电压值为11～14V,正常。如果不正常,更换ECM总成,结束。

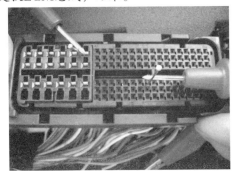

 点火开关置于ON位置,换挡手柄置于除D挡之外的位置,连接B31-56(D)-B31-104(E1)端子,进行D挡位置开关信号检测。

提示:

如果测量电压值为低于1V,正常。如果不正常,更换ECM总成,结束。

17 点火开关置于ON位置,换挡手柄置于3挡,连接B31-56(D)-B31-104(E1)端子,进行3挡位置开关信号检测。

提示:

如果测量电压值为11～14V,正常。如果不正常,更换ECM总成,结束。

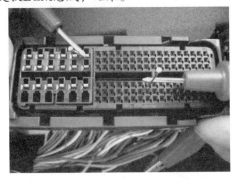

18 点火开关置于ON位置,换挡手柄置于除3挡之外的位置,连接B31-56(D)-B31-104(E1)端子,进行3挡位置开关信号检测。

提示:

如果测量电压值为低于1V,正常。如果不正常,更换ECM总成,结束。

 点火开关置于ON位置,换挡手柄置于除3挡之外的位置,连接A50-26(3)-B31-104(E1)端子,进行3挡位置开关信号检测。

提示:

如果测量电压值为11～14V,正常。如果不正常,更换ECM总成,结束。

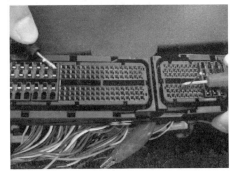

20 点火开关置于ON位置,换挡手柄置于除3挡之外的位置,连接A50-26(3)-B31-104(E1)端子,进行3挡位置开关信号检测。

提示:

如果测量电压值为低于1V,正常。如果不正常,更换ECM总成,结束。

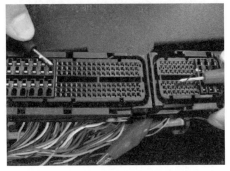

21 点火开关置于ON位置，换挡手柄置于2挡，连接B31-55（2）-B31-104（E1）端子，进行2挡位置开关信号检测。

提示：

如果测量电压值为11~14V，正常。如果不正常，更换ECM总成，结束。

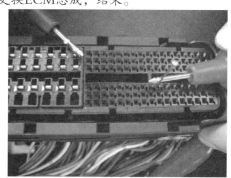

22 点火开关置于ON位置，换挡手柄置于除2挡之外的位置，连接B31-55（2）-B31-104（E1）端子，进行2挡位置开关信号检测。

提示：

如果测量电压值为低于1V，正常。如果不正常，更换ECM总成，结束。

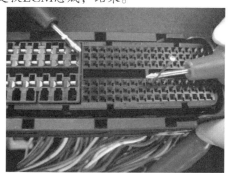

23 点火开关置于ON位置，换挡手柄置于L挡，连接B31-74（L）-B31-104（E1）端子，进行L挡位置开关信号检测。

提示：

如果测量电压值为11~14V，正常。如果不正常，更换ECM总成，结束。

24 点火开关置于ON位置，换挡手柄置于除L挡之外的位置，连接B31-74（L）-B31-104（E1）端子，进行L挡位置开关信号检测。

提示：

如果测量电压值为低于1V，正常。如果不正常，更换ECM总成，结束。

25 点火开关置于ON位置，连接B31-79（S1）-B31-104（E1）端子，进行S1电磁阀信号检测。

提示：

如果测量电压值为11~14V，正常。如果不正常，更换ECM总成，结束。

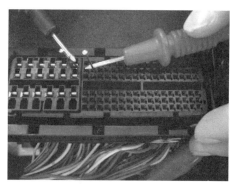

26 点火开关置于ON位置，将换挡手柄置于L挡，连接B31-79(S1)-B31-104(E1)端子，进行S1电磁阀信号检测。

提示：

如果测量电压值为11~14V，正常。如果不正常，更换ECM总成，结束。

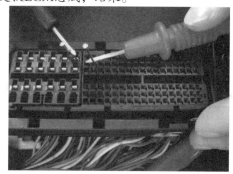

27 点火开关置于ON位置,将换挡手柄置于2挡,连接B31-79(S1)-B31-104(E1)端子,进行S1电磁阀信号检测。

※提示:

如果测量电压值为11~14V,正常。如果不正常,更换ECM总成,结束。

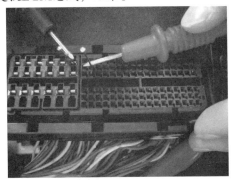

28 点火开关置于ON位置,将换挡手柄置于3-D挡,连接B31-79(S1)-B31-104(E1)端子,进行S1电磁阀信号检测。

※提示:

如果测量电压值为低于1V,正常。如果不正常,更换ECM总成,结束。

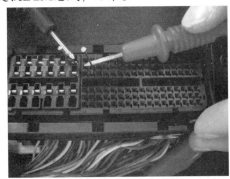

29 点火开关置于ON位置,连接B31-78(S2)-B31-104(E1)端子,进行S2电磁阀信号检测。

※提示:

如果测量电压值为低于1V,正常。如果不正常,更换ECM总成,结束。

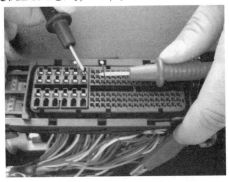

30 点火开关置于ON位置,将换挡手柄置于L挡,连接B31-78(S2)-B31-104(E1)端子,进行S2电磁阀信号检测。

※提示:

如果测量电压值为11~14V,正常。如果不正常,更换ECM总成,结束。

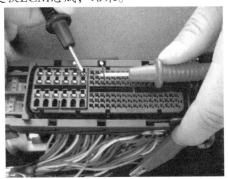

31 点火开关置于ON位置,将换挡手柄置于2挡,连接B31-78(S2)-B31-104(E1)端子,进行S2电磁阀信号检测。

※提示:

如果测量电压值为低于1V,正常。如果不正常,更换ECM总成,结束。

32 点火开关置于ON位置,将换挡手柄置于3-D挡,连接B31-78(S2)-B31-104(E1)端子,进行S2电磁阀信号检测。

※提示:

如果测量电压值为低于1V,正常。如果不正常,更换ECM总成,结束。

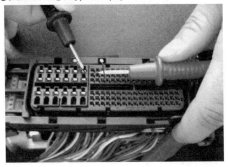

33 点火开关置于ON位置,连接B31-58(SL)-B31-104(E1)端子,进行SL电磁阀信号检测。

提示:

如果测量电压值为低于1V,正常。如果不正常,更换ECM总成,结束。

34 点火开关置于START位置,锁止打开,车辆行驶时,连接B31-58(SL)-B31-104(E1)端子,进行SL电磁阀信号检测。

提示:

如果测量电压值为11~14V,正常。如果不正常,更换ECM总成,结束。

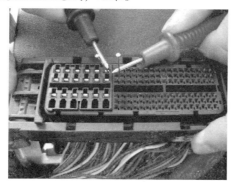

35 点火开关置于ON位置,连接B31-80(ST)-B31-104(E1)端子,进行ST电磁阀信号检测。

提示:

如果测量电压值为低于1V,正常。如果不正常,更换ECM总成,结束。

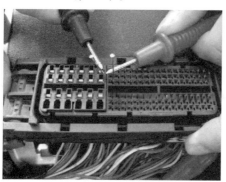

36 点火开关置于ON位置,换挡手柄置于R挡,连接B31-80(ST)-B31-104(E1)端子,进行ST电磁阀信号检测。

提示:

如果测量电压值为11~14V,正常。如果不正常,更换ECM总成,结束。

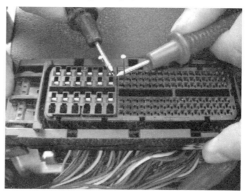

37 点火开关置于ON位置,连接B31-40(SLT+)-B31-39(SLT-)端子,进行SLT电磁阀信号检测。

提示:

如果测量电压值为11~14V,正常,进行安装调整。如果不正常,维修或更换线束。

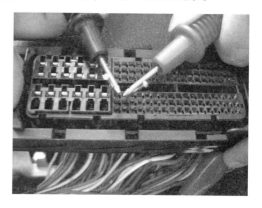

38 装回ECM连接器。

第六步　安装调整

1 松开驻车挡/空挡位置开关的螺栓。

2 将换挡手柄置于N挡。

3 将凹槽与空挡基线对准,进行驻车挡/空挡位置开关总成的调整。

4 将驻车挡/空挡位置开关固定到位,然后拧紧2个螺栓。

拧紧力矩:5.4N·m。

5 调整完成后,进行驻车挡/空挡位置开关工作情况检查。

 提示:

如果正常,再次进行就车检测。

如果不正常,说明挡位开关故障,应进行挡位开关的拆卸。

顺时针拨动连接器

第七步　拆　卸

1 从蓄电池负极端子断开电缆。

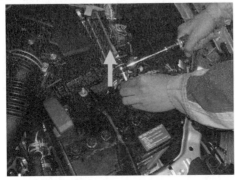

2 从控制杆上拆下螺母并断开控制拉索总成。

3 从控制拉索支架上拆下卡子并断开控制拉索总成。

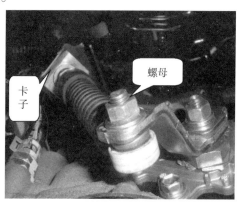

4 从驻车挡/空挡位置开关总成上断开连接器。

5 拆下螺母、垫圈和控制杆。

6 撬出锁止板并拆下手动阀轴螺母。

7 拆下2个螺栓，并拉出驻车挡/空挡位置开关总成。

8 选择更换相同型号的驻车挡/空挡位置开关总成。

▲ 第八步 安 装

1 将驻车挡/空挡位置开关总成安装至自动传动桥。

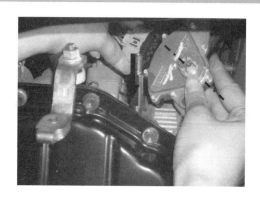

2 暂时安装2个螺栓。

3 换上新的锁止板，并拧紧手动阀轴螺母。
拧紧力矩：6.9N·m。

4 暂时安装控制杆。

5 逆时针转动控制杆直到其停止，然后顺时针转动2个槽口。

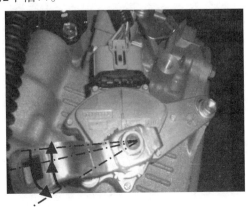

6 拆下控制杆。

7 将凹槽与空挡基线对准。

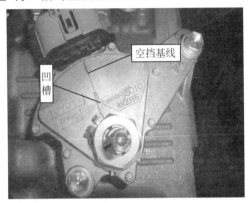

8 将开关固定到位，然后拧紧2个螺栓。
拧紧力矩：5.4N·m。

9 使用螺丝刀撬起锁止板锁紧螺母。

10 用螺母和垫圈安装控制杆,将连接器连接至驻车挡/空挡位置开关总成。

拧紧力矩:13N·m。

11 用螺母将变速器控制拉索总成安装至控制杆。

拧紧力矩:12N·m。

12 用一个新的卡子将变速器控制拉索总成安装至支架。

13 将电缆连接到蓄电池负极端子。

拧紧力矩:5.4N·m。

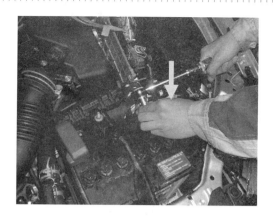

14 调整换挡手柄位置。

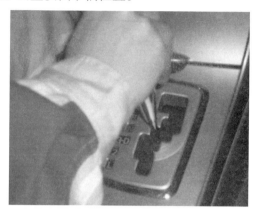

15 当点火开关置于ON挡且踩下制动踏板时,将换挡手柄从P挡换至R挡,确保换挡手柄平稳地换挡至正确位置。

操作一:点火开关置于ON挡。

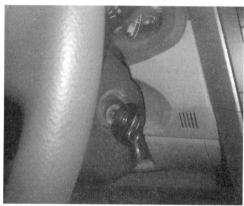

操作二:踩下制动踏板。

操作三：确认换挡手柄置于P挡。

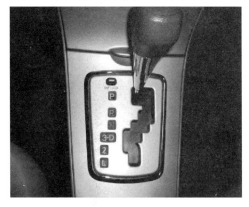

操作四：将换挡手柄从P挡换至R挡。

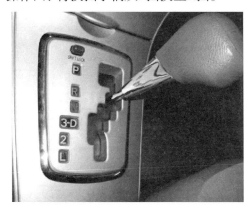

置开关总成，并检查换挡手柄总成的安装情况。

操作一：确认换挡手柄置于N挡。

操作二：将换挡手柄从N挡换至D位置。

提示：

如果正常，整理工位结束。

如果不正常，重新检查。

16 起动发动机，确保将换挡手柄从N挡换至D位置时车辆向前行驶，将其换至R挡时车辆向后行驶。如果不能按规定执行操作，检查驻车挡/空挡位

17 检查驻车挡/空挡位置开关总成。

🌲 第九步　整理工位

1 将诊断头从诊断座中拔出。

2 将智能诊断检测仪放置于工具车上。

3 将转向盘护套取出,置于垃圾车内。

4 将座椅套取出,置于垃圾车内。

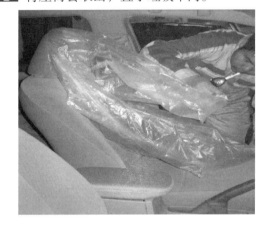

5 将脚垫取出,置于垃圾车内。

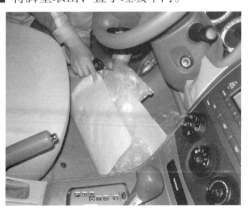

6 将车辆门关上,将车钥匙放置于工具车上。

7 拆除尾气抽气管。

8 拆除车轮挡块。

9 将智能诊断检测仪放入盒内,清理工具台。

八 考核标准

考 核 标 准 表

考核时间	序号	考核项目	满分	评分标准	得分
40min	1	清理工位,将被检查车辆平稳地停于举升平台上	0.5分	酌情扣分	
	2	约请客户一同确认故障,填写用户故障分析表	1分	分析不当扣1分	
	3	工具、仪器的准备	0.5分	准备不当扣0.5分	
	4	检查清洁工具、仪器	0.5分	操作不当扣0.5分	
	5	打开车门	0.5分	操作不当扣0.5分	
	6	安装地板垫	0.5分	操作错误扣0.5分	
	7	安装转向盘套	0.5分	操作错误扣0.5分	
	8	安装座椅套	0.5分	操作错误扣0.5分	
	9	安放车轮挡块	0.5分	操作错误扣0.5分	
	10	插尾气抽气管	0.5分	操作错误扣0.5分	
	11	拉紧驻车制动器并将点火开关置于ON挡	1分	操作不当扣1分	
	12	踩下制动踏板,检查并确认当换挡手柄在N或P挡时发动机能起动,而在其他位置时不能启动	6分	酌情扣分	
	13	检查并确认当换挡手柄在R位置时倒车灯点亮,倒挡警告蜂鸣器鸣响,但在其他位置不起作用。如果发现故障,则应检查驻车挡/空挡位置开关的导通性	6分	酌情扣分	
	14	检查点火开关是否置于OFF挡	0.5分	操作错误扣0.5分	
	15	将智能检测仪链接到DLC3	0.5分	操作错误扣0.5分	
	16	将点火开关置于ON挡,按压KT600电源总开关,打开智能检测仪主菜单	1分	操作错误扣1分	
	17	"读取数据流"进行相关数据并分析	10分	酌情扣分	
	18	断开驻车挡/空挡位置开关总成上的连接器	1分	操作不当扣1分	
	19	将挡位开关装上转接插头,利用转接头进行测量	1分	操作不当扣1分	
	20	根据附表一中所列的值测量电阻	11分	每一项扣0.5分	
	21	断开ECM连接器进行各开关信号的检测	0.5分		
	22	根据附表二中所列的值测量信号电压	17分	每一项扣0.5分	
	23	松开驻车挡/空挡位置开关的螺栓	2分	操作不当扣2分	
	24	将换挡手柄置于N挡	0.5分	操作错误扣0.5分	
	25	将凹槽与空挡基线对准,进行驻车挡/空挡位置开关总成的调整	5分	酌情扣分	
	26	将驻车挡/空挡位置开关固定到位,然后拧紧2个螺栓	2分	操作不当扣2分	
	27	调整完成后,进行驻车挡/空挡位置开关工作情况检查	5分	酌情扣分	
	28	从蓄电池负极端子断开电缆	0.5分	操作错误扣0.5分	
	29	分离变速器控制拉索总成	3分	操作不当扣3分	

续上表

考核时间	序号	考核项目	满分	评分标准	得分
40min	30	拆卸驻车挡/空挡位置开关总成	3分	操作不当扣3分	
	31	安装驻车挡/空挡位置开关总成	3分	操作不当扣3分	
	32	安装变速器控制拉索总成	3分	操作不当扣3分	
	33	将电缆连接到蓄电池负极端子	0.5分	操作错误扣0.5分	
	34	调整换挡手柄位置	2分	操作不当扣2分	
	35	检查换挡手柄位置	2分	操作错误扣2分	
	36	检查驻车挡/空挡位置开关总成	5分	操作错误扣5分	
	37	取出诊断仪	0.5分	操作错误扣0.5分	
	38	将三件套取出，置于工具车上	1分	操作不当扣1分	
	39	拆除尾气排气管，取出车轮挡块	1分	操作不当扣1分	
	40	遵守相关安全规范		因违规操作造成人身和设备事故的，总分按0分计	
分数合计			100分		

附表一：

标准电阻

检测仪连接	条件	规定连接
2-6和4-5	P挡	小于1Ω
	除P挡外	10kΩ或更大
2-1	R挡	小于1Ω
	除R挡外	10kΩ或更大
2-9和4-5	N挡	小于1Ω
	除N挡外	10kΩ或更大
2-7	D挡和3挡	小于1Ω
	除D挡和3挡外	10kΩ或更大
2-3	2挡	小于1Ω
	除2挡外	10kΩ或更大
2-8	L挡	小于1Ω
	除L挡外	10kΩ或更大

附表二：

ECM端子的标准电压

端子号（符号）	配线颜色	端子描述	条件	规定状态
A50-36(STP)-E31-104(E1)	L-BR	制动灯开关信号	踩下制动踏板	7.5～14V
			松开制动踏板	低于1.5V
B31-52(NSW)-E31-104(E1)	W-BR	驻车挡空挡开关信号	点火开关置于ON位置，换挡手柄置于P和N挡	低于2V
			点火开关置于ON位置，换挡手柄置于除P和N挡之外的位置	11～14V
B31-73(P)-B31-104(E1)	V-BR	驻车挡位置开关信号	点火开关置于ON位置，换挡手柄置于P挡	11～14V
			点火开关置于ON位置，换挡手柄置于除P挡之外的位置	低于1V
B31-53(R)-B31-104(E1)	R-BR	R挡位置开关信号	点火开关置于ON位置，换挡手柄置于R挡	11～14V
			点火开关置于ON位置，换挡手柄置于除R挡之外的位置	低于1V
B31-54(N)-B31-104(E1)	B-BR	空挡位置开关信号	点火开关置于ON位置，换挡手柄置于N挡	11～14V
			点火开关置于ON位置，换挡手柄置于除N挡之外的位置	低于1V
B31-56(D)-B31-104(E1)	P-BR	D挡位置开关信号	点火开关置于ON位置，换挡手柄置于D和3位置	11～14V
			点火开关置于ON位置，换挡手柄置于除D和3外的位置	低于1V
A50-26(3)-B31-104(E1)	W-BR	3位置开关信号	点火开关置于ON位置，换挡手柄置于3位置	11～14V
			点火开关置于ON位置，换挡手柄置于除3外的位置	低于1V
B31-55(2)-B31-104(E1)	BR-BR	2位置开关信号	点火开关置于ON位置，换挡手柄置于2位置	11～14V
			点火开关置于ON位置，换挡手柄置于除2外的位置	低于1V
B31-74(L)-B31-104(E1)	GR-BR	L挡位置开关信号	点火开关置于ON位置，换挡手柄置于L位置	11～14V
			点火开关置于ON位置，换挡手柄置于除L外的位置	低于1V
B31-79(S1)-B31-104(E1)	L-BR	S1电磁阀信号	点火开关置于ON位置	11～14V
			L挡或2挡	11～14V
			3挡或4挡	低于1V

续上表

端子号（符号）	配线颜色	端子描述	条　件	规定状态
B31-78(S2)-B31-104(E1)	P-BR	S2电磁阀信号	点火开关置于ON位置	低于1V
			L挡或4挡	11~14V
			2挡或3挡	低于1V
B31-58(SL)-B31-104(E1)	R-BR	SL电磁阀信号	点火开关置于ON位置	低于1V
			在锁止打开下行驶车辆	11~14V
B31-80(ST)-B31-104(E1)	GR-BR	ST电磁阀信号	点火开关置于ON位置	低于1V
			点火开关置于ON位置，换挡手柄置于R挡	11~14V
B31-40(SLT+)-B31-39(SLT-)	LG-V	SLT电磁阀信号	点火开关置于ON位置	11~14V

任务3 安全气囊系统（SRS）的检测

一、任务说明

1 概述

为了减小汽车发生正面碰撞时的巨大惯性力对驾驶人和乘员所造成的伤害，汽车在驾驶人前端转向盘中央普遍装有安全气囊系统（简称SRS）。有安全气囊装置的转向盘，从表面上看与普通转向盘没有什么区别，但一旦汽车前端发生强烈的碰撞，安全气囊就会瞬间从转向盘内"蹦"出，垫在转向盘与驾驶人之间，防止驾驶人的头部和胸部撞击到转向盘或仪表板等硬物上。这种奇妙的装置自面世以来，已经挽救了无数人的生命。有些汽车在驾驶人副座前的工具箱上端以及侧向也装有安全气囊系统。汽车装用安全气囊系统后，汽车发生正面碰撞事故时对驾驶人和乘员的伤害程度大大减小。

2 SRS的结构及工作原理

汽车安全气囊系统是一种辅助保护系统，主要由碰撞传感器、安全气囊控制模块ECM、SRS指示灯和气囊组件四部分组成。

碰撞传感器是安全气囊系统中主要的控制信号输入装置。其作用是在汽车发生碰撞时，由碰撞传感器检测汽车碰撞的强度信号，并将该信号输入安全气囊电脑，安全气囊ECM根据碰撞传感器传送来的信号来判定是否引爆充气元件使气囊充气。卡罗拉1.6AT车型的安全气囊系统有6个碰撞传感器，左右两侧散热器支架上各装有一个前气囊传感器，左右两侧中柱的底部各装有一个侧气囊传感器，此外在左右两侧后柱上也分别安装了一个后气囊传感器。卡罗拉1.6AT车型SRS的位置示意图，如图3-1所示。

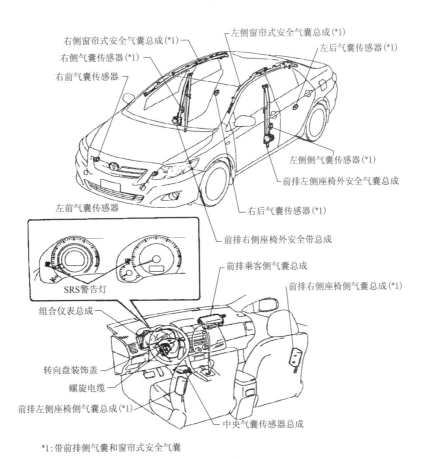

图3-1 卡罗拉1.6AT车型SRS的位置

3 SRS故障树分析图

SRS故障树分析图，如图3-2、图3-3所示。

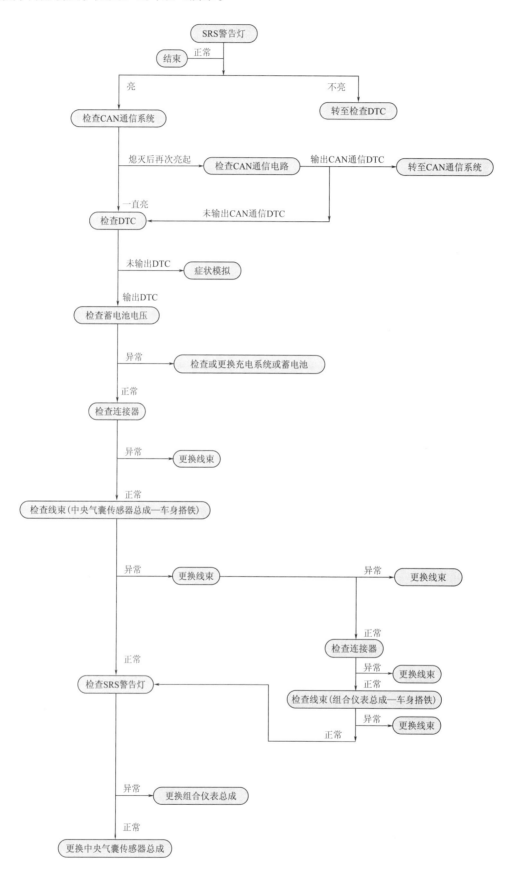

图3-2　SRS故障树分析图（一）

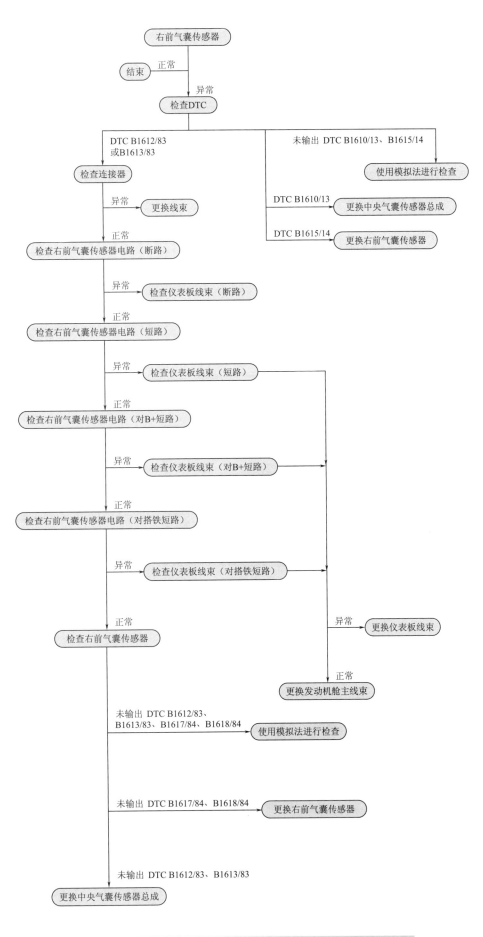

图3-3 SRS故障树分析图（二）

二 技术标准与要求

（1）SRS自检时间约6s。
（2）进行SRS诊断时，一定要断开蓄电池电源。
（3）SRS控制装置拧紧力矩为13N·m。
（4）所有显示的故障码依据原车维修手册查询。
（5）所有被检测元件的技术数据以原车维修手册为准。

三 实训时间 30min

四 实训教学目标

（1）卡罗拉1.6AT车型安全气囊系统（SRS）的组成及控制原理。
（2）卡罗拉1.6AT车型安全气囊系统（SRS）的检修方法和步骤。
（3）正确验证故障排除后的效果。

五 实训器材

解码仪

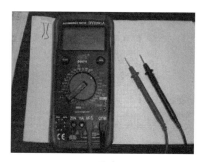

万用表

其他工具及器材：

短路插头、绝缘胶布、导线、跨接线、气囊拆装专用工具、三件套、常用工具等。

六 教学组织

1 教学组织形式

在教学时，1名教师采用一对多组的并联教学方式，在老师的讲解示范过程中，运用视频投影的方式扩大现场的可视范围，提高动作细节的可视度，解决一对多组教学的示范观摩难点；同上将作业项目根据学生一次所能接受掌握的程度细分为若干个简单工序步骤进行操作学习。

2 学生站位分工和要求

4名学生为1组，2人为1小组，分别站于车辆的前后左右侧，根据项目的操作随时变换位置。

3 实训教师职责

老师通过播放1段视频影像，讲解1段操作工艺，学生则通过观看影像资料，跟随实际操作，把技能操作通过屏幕放大展现给全体同学，然后老师同步讲解要领，学生跟进实际操作，老师现场检查、指导并纠正错误动作。

4 学生职责变换

在实训工序中，1个小组的同学实际操作，另1个小组的同学现场观摩指导。每完成1个实训项目2个小组交换1次，每次实训中，1个小组的同学完成1次实训工艺课教学，另1小组的同学则完成1次实训示范课教学。

七、操作步骤

第一步 事前准备

 参训学生将工位卫生清理干净,排除障碍物,将车辆送入车间并将其停放在举升平台上。

提示:

培养良好的工作习惯,做好事前准备,有利于安全操作和提高工作效率。

 对客户故障车进行分析(约请客户一同确认故障),并填写用户故障分析表。

提示:

作业内容为:向顾客询问故障发生时的条件和环境。

用户故障分析表

用户姓名		登记号	
		登记年月日	
		车架号	
送修日期		里程表读数(km)	
故障发生的情况	发生故障日期		
	故障碰撞	□连续 □间断	
故障部位	□车辆前部(□左侧散热器支架 □右侧散热器支架 □前部保险杠)		
	□车辆侧部(□左侧中柱 □右侧中柱 □左侧车门 □右侧车门)		
	□车辆后部(□左侧后柱 □右侧后柱 □后部保险杠)		
	□车辆顶部		
	□其他		
其他项目	检查故障指示灯	□正常 □不亮 □一直亮 □熄灭后再次亮起	
代码检查	第1次	□正常代码 □故障代码	
	第2次	□正常代码 □故障代码	

3 工具仪器准备。

4 检查清洁工具仪器。

5 打开车门。

6 安装地板垫。

 提示:

　　保护罩是由薄塑料制成的,极易破损。所以在安装保护罩时,用力要均匀,避免因用力过大造成其损坏。保护罩的主要作用是在操作过程中保持驾驶室内清洁。

7 安装转向盘套。

8 安装座椅套。

9 安装车轮挡块。

10 插尾气抽气管。

11 检查智能解码仪设备。

12 取出解码仪。

提示：

（1）解码仪应轻取轻放，避免损坏，拿的时候一定要双手捧护腕处。

（2）不同厂家生产的解码仪有不同的连接方法。

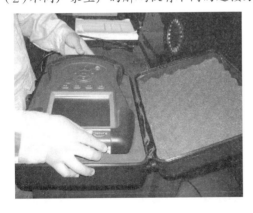

13 确认插座的正反面。

14 针脚应对应插入，确保诊断插座线束与解码仪正确连接。

提示：

必须一手拿住解码仪，一手拿住针脚插头，看好大小面，针脚插头平直插入解码仪插座内。

15 锁紧连接器。

16 选择合适的OBD-Ⅱ诊断插座连接器。

提示：

针对不同车型应选用相应的诊断插头。

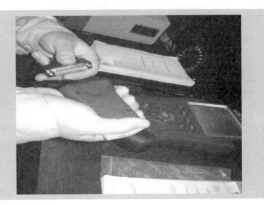

任务 3 安全气囊系统（SRS）的检测

17 对准针脚进行连接。

提示：

注意插座有正反面之分，针脚应对应插入。

18 锁紧连接器。

第二步　检查CAN通信系统

1 确认点火开关处于关闭状态。

提示：

点火开关处于关闭状态，可以防止断开蓄电池与汽车电器系统连接时产生的电动势会损坏电器元件和电控单元。

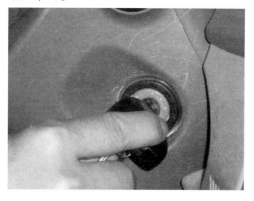

2 正确连接诊断仪器至DLC3。

3 将点火开关置于ON挡。

4 按压KT600电源开关，打开智能检测仪主菜单。

5 从解码仪背部正确取出解码仪触摸笔。

6 选择"普通模式",进入系统。

7 选择主菜单中的"汽车诊断"选项,系统进入第二菜单。

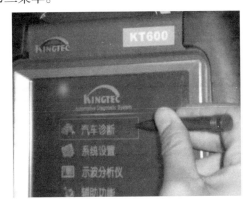

8 用触摸笔点击第二菜单中的"TOYOTA"车型图标,系统进入中国车系。

9 点击"新车",进入下一菜单。

10 点击选择"COROLLA"车型,进入下一界面。

11 选择相应发动机型号的卡罗拉系统进入诊断窗口,用触摸笔点击"COROLLA(GL)"。

 提示:

必须选择与检测车辆相应的车型,如果选择错误的车型,则系统可能无法进入诊断状态。

12 进入卡罗拉诊断系统界面后,点击"CAN"通信系统。

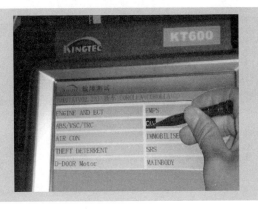

13 进入卡罗拉"CAN"通信系统,选择"当前故障码"选项点击,系统自动进入故障码的查找,并显示"查找结果",记录故障码。

14

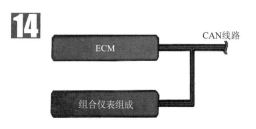

结　果	转　至
正常,未输出CAN通信DTC	警告灯故障检查
不正常,输出CAN通信DTC	检查CAN通信电路

15 检查工作完成后,关闭点火开关。

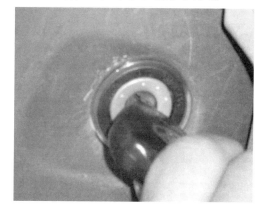

▲ 第三步　SRS警告灯故障检查

 将点火开关置于ON挡,检查并确认SRS警告灯亮起约6s(初步检查)后熄灭。

提示:

如出现常亮或不亮,则SRS存在故障。

 检查并确认点火开关置于ON(IG)位置大约6s后,SRS警告灯熄灭(常态检查)。

提示:

出现任何以下症状时,均应注意参考"SRS故障症状表"(参见附表一),以便对照检查。

(1)初步检查阶段过后,SRS警告灯偶尔亮起;

(2)SRS警告灯亮起,但未输出DTC;

(3)点火开关从OFF位置转至ON(IG)位置,但SRS警告灯未亮起。

🌲 第四步 故障DTC的诊断

1 进入卡罗拉各系统诊断界面后,点击"SRS"系统。

2 选择"当前故障码"选项点击,系统自动进入故障码的查找,并显示"查找结果",记录故障码。

 提示:

查找结果为B1612/83与右前气囊传感器电路。

3 读取故障码,显示故障码和故障码定义内容"B1612/83与右前气囊传感器失去通信"。

4 按ESC键返回,并点击"读取数据流"选项。

5 显示数据流测试。

Displer Type Information:
Sumber of Past DTC: B1612/83

 提示:

输出信息:
故障码为:B1612/83。

6 按ESC键返回,并点击"清除故障码"选项,进行故障码清除。

任务 3 安全气囊系统(SRS)的检测

7 显示"清码命令已执行"界面。

 提示：

（1）读取诊断故障码，转至故障DTC检查；

如仍然显示DTC B1612/83故障码，数据流读取不正常，则说明与右前气囊传感器有故障。

（2）读取诊断数据流：参照前面步骤。

8 再次读取诊断故障码、数据流，查找维修手册诊断故障码表，确认故障点（参见附表二）。

▲ 第五步 故障检查排除

1 右前气囊传感器电路如下图所示。

分析如下：针对DTC B1612/83故障，则说明与右前气囊传感器失去通信。查找SRS的DTC表知，可能引起这一故障的部位为：

（1）仪表板线束；
（2）发动机舱主线束；
（3）右前气囊传感器；
（4）中央气囊传感器总成。

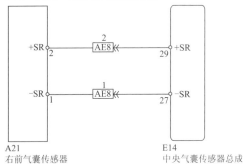

2 检查连接器。

（1）将点火开关置于OFF位置。

（2）断开蓄电池负极（-）电缆，等待至少90s。

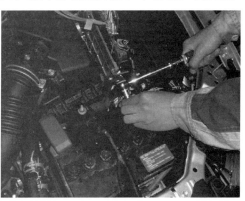

（3）检查并确认连接器已正确连接到中央气囊传感器总成和右前气囊传感器上。并且检查并确认连接发动机舱主线束和仪表线束的连接器连接正确。

 提示：

正常：连接器已正确连接。

如果连接器没有连接牢固，应重新连接连接器。

（4）将连接器从中央气囊传感器总成和右前气囊传感器上断开，并断开连接发动机舱主线束和仪表线束的连接器。

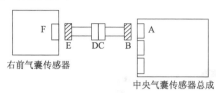

（5）检查并确认连接器端子没有损坏。

提示：

异常：应该维修或更换线束。

正常：各端子未变形或损坏，接着检查右前气囊传感器电路是否断路。

 检查右前气囊传感器电路（断路）。

提示：

（1）连接发动机舱主线束和仪表线束的连接器；

（2）使用SST，连接连接器B的端子29（+SR）和27（-SR），连接时不得强行将SST插入连接器端子。

SST　09843-18040

（3）根据下表中所列的标准电阻值测量电阻。

检测仪连接	开关状态	规定状态
A21-2(+SR)-A21-1(-SR)	始终	小于1

异常：检查仪表板线束是否断路。

正常：检查右前气囊传感器电路是否短路。

线束连接器前视图：
（至中央气囊传感器总成）

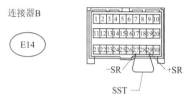

线束连接器前视图：（至右前气囊传感器）

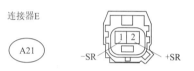

 检查右前气囊传感器电路（短路）。

（1）将SST从连接连接器B上断开。

（2）根据下表中所列的标准电阻值测量电阻。

检测仪连接	开关状态	规定状态
A21-2(+SR)- A21-1(-SR)	始终	1 MΩ或更大

提示：

异常：检查仪表板线束是否短路。

正常：检查右前气囊传感器电路是否对B+短路。

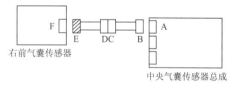

线束连接器前视图：（至右前气囊传感器）

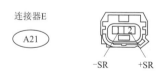

 检查右前气囊传感器电路（对B+短路）。

（1）将蓄电池负极电缆连接至蓄电池。

（2）将点火开关置于ON(IG)位置。

（3）根据下表中所列的电压值测量电压。

检测仪连接	开关状态	规定状态
A21-2(+SR)- 车身搭铁	点火开关置于ON（IG）挡	低于1V
A21-1(-SR) - 车身搭铁	点火开关置于ON（IG）挡	低于1V

异常：检查仪表板线束是否对B+短路；

正常：检查右前气囊传感器电路是否对搭铁短路。

6 检查右前气囊传感器电路（对搭铁短路）。

（1）将点火开关置于OFF位置。

（2）断开蓄电池负极（−）电缆，等待至少90s。

（3）根据下表中所列的标准电阻值测量电阻。

检测仪连接	开关状态	规定状态
A21-2(+SR)− 车身搭铁	始终	1MΩ 或更大
A21-1(−SR)− 车身搭铁	始终	1MΩ 或更大

提示：

异常：检查仪表板线束是否对搭铁短路。

正常：检查右前气囊传感器。

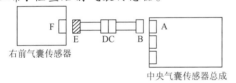

线束连接器前视图：（至右前气囊传感器）

7 检查右前气囊传感器。

提示：

（1）将点火开关置于OFF位置。

（2）断开蓄电池负极（−）电缆，等待至少90s。

（3）互换右前、左前气囊传感器，并将连接器连接到这两个传感器上。

（4）将蓄电池负极（−）电缆连接至蓄电池。

（5）将点火开关置于ON（IG）位置，等待至少60s。

（6）清除存储器中的DTC。

（7）将点火开关置于OFF位置。

（8）将点火开关置于ON（IG）位置，等待至少60s。

（9）检查是否有DTC。

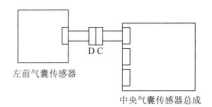

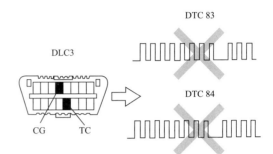

结果见下表。

结　果	转　至
未输出DTC B1610/13和B1615/14	检查蓄电池电压
输出DTC B1610/13	更换中央气囊传感器总成（参见维修手册RS-249）
输出DTC B1615/14	更换右前气囊传感器（参见维修手册RS-255）

提示：

此时可能会输出DTC B1612/83、B1613/83、B1617/84、B1618/84之外的故障码，但这些故障码与本项检查无关。

8 检查仪表板线束（断路）。

（1）将仪表板线束连接器从发动机舱主线束上断开。

提示：

SST已插入到连接器B内。

（2）根据下表中所列的标准电阻值测量电阻。

检测仪连接	开关状态	规定状态
AE8-2(+SR)−AE8-1(−SR)	始终	小于1Ω

提示：

异常：更换仪表板线束。

正常：更换发动机舱主线束。

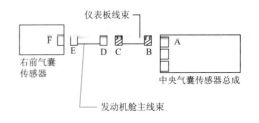

连接器前视图:
(中央气囊传感器总成)

连接器B

连接器前视图:(至发动机舱主线束)

连接器C

9 检查仪表板线束（短路）。

将仪表板线束连接器从发动机舱主线束上断开。

根据下表中所列的标准电阻值测量电阻。

检测仪连接	开关状态	规定状态
AE8-2(+SR)- AE8-1(-SR)	始终	1MΩ 或更大

提示:

异常:更换仪表板线束。

正常:更换发动机舱主线束。

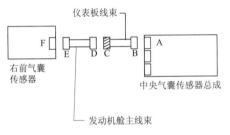

线束连接器前视图:
(至发动机舱主线束)

连接器C

10 检查仪表板线束（对B+短路）。

（1）将点火开关置于OFF位置。

①断开蓄电池负极电缆，等待至少90s。

②将仪表板线束连接器从发动机舱主线束上断开。

③将蓄电池负极电缆连接至蓄电池。

（2）将点火开关置于ON(IG)位置。

（3）根据下表中所列的电压值测量电压。

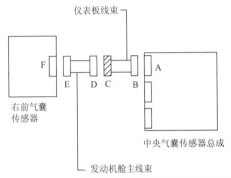

检测仪连接	开关状态	规定状态
AE8-2(+SR)- 车身搭铁	点火开关置于ON（IG）挡	低于1V
AE8-1(-SR)- 车身搭铁	点火开关置于ON（IG）挡	低于1V

提示:

异常:更换仪表板线束。

正常:更换发动机舱主线束。

线束连接器前视图:
至发动机舱主线束

连接器C

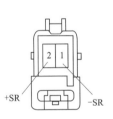

11 检查仪表板线束（对搭铁短路）。

（1）将仪表板线束连接器从发动机舱主线束上断开。

（2）根据下表中所列的标准电阻值测量电阻。

检测仪连接	开关状态	规定状态
AE8-2(+SR)- 车身搭铁	始终	1MΩ或更大
AE8-1(-SR)- 车身搭铁	始终	1MΩ或更大

提示:

异常:更换仪表板线束；

正常:更换发动机舱主线束。

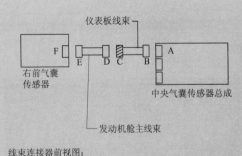

连接器C

第六步　故障排除后复检

1 读取故障码，显示"系统正常"。

提示：
故障复检流程，参照故障DTC诊断。

2 读取数据流，显示"数据流测试"界面。

提示：
故障复检均正常，表示故障已排除。

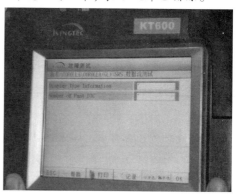

第七步　整理工位

1 单击"ESC"键先将诊断仪退出到汽车诊断界面。

提示：
作业项目完成后，要搞好工位的清扫、整理工作，培养良好的工作习惯。

2 关闭点火开关。

3 关闭智能解码仪。

4 将诊断头从诊断座中拔出，并盖上端盖。

5 将诊断仪放置于工具车上。

6 将转向盘护套取出,置于垃圾车内。

7 将座椅套取出,置于垃圾车内。

8 将脚垫取出,置于垃圾车内。

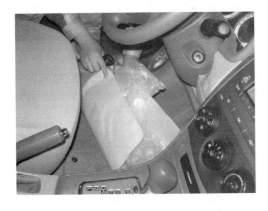

9 将车辆门关上,将车钥匙放置于工具车上。

10 拆除尾气抽气管。

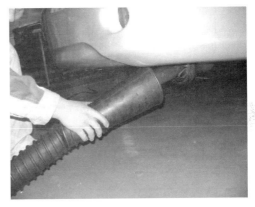

11 拆除车轮挡块。

12 将诊断仪放入盒内,清理工具台。

八 考核标准

考 核 标 准 表

考核时间	序号	考核项目	满分	评分标准	得分
30min	1	清理工位，将被检查车辆平稳地停于举升平台上	0.5分	酌情扣分	
	2	约请客户一同确认故障，填写用户故障分析表	2.5分	分析不当扣2分	
	3	工具、仪器的准备	0.5分	操作不当扣0.5分	
	4	检查清洁工具、仪器	0.5分	操作不当扣0.5分	
	5	打开车门，安装三件套	2分	操作不当扣2分	
	6	安放车轮挡块	1分	操作错误扣1分	
	7	插尾气抽气管	0.5分	操作错误扣0.5分	
	8	连接DLC3，打开点火开关至ON挡	2分	操作不当扣2分	
	9	进入CAN通信系统，读取CAN系统的DTC	3分	操作不当扣3分	
	10	检查CAN通信系统	5分	操作不当扣5分	
	11	将点火开关至ON挡，看警告灯点亮情况	5分	操作错误扣5分	
	12	SRS警告灯故障检查	10分	操作不当扣8分	
	13	进入SRS系统进行故障DTC的诊断	5分	操作错误扣5分	
	14	读取故障码	6分	操作错误扣6分	
	15	读取数据流	6分	操作不当扣6分	
	16	清除故障码	3分	操作错误扣3分	
	17	检查连接器	3分	操作不当扣3分	
	18	检查右前气囊传感器电路（断路）	3分	操作不当扣3分	
	19	检查右前气囊传感器电路（短路）	3分	操作不当扣3分	
	20	检查右前气囊传感器电路（对B+短路）	3分	操作不当扣3分	
	21	检查右前气囊传感器电路（对搭铁短路）	3分	操作不当扣3分	
	22	检查右前气囊传感器	3分	操作不当扣3分	
	23	检查仪表板线束（断路）	3分	操作不当扣3分	
	24	检查仪表板线束（短路）	3分	操作不当扣3分	
	25	检查仪表板线束（对B+短路）	3分	操作不当扣3分	
	26	检查仪表板线束（对搭铁短路）	3分	操作不当扣3分	
	27	故障复检	15分	操作不当扣5分	
	28	取出诊断仪	0.5分	操作错误扣0.5分	
	29	将三件套取出，置于工具车上	1分	操作不当扣1分	
	30	拆除尾气抽气管，取出车轮挡块	1分	操作不当扣1分	
	31	遵守相关安全规范		因违规操作造成人身和设备事故的，总分按0分计	
		分数合计	100分		

附表一：

SRS故障症状表

故障症状	可疑部位	具体
初步检查后，SRS警告灯熄灭，然后又亮起	SRS警告灯一直亮	参照维修手册
将点火开关置于ON(IG)位置时，SRS警告灯约6s后亮起	SRS警告灯一直亮	
即使未输出DTC，SRS警告灯也常亮	SRS警告灯一直亮	
将点火开关置于ON(IG)位置时，SRS警告灯没有亮起	SRS警告灯不亮	参照维修手册
尽管SRS警告灯工作正常，但也不显示DTC或正常系统代码	TC与CG端子电路	参照维修手册
尽管DLC3的端子TC与CG没有连接，也会显示DTC或正常系统代码	TC与CG端子电路	

附表二：

SRS故障码（DTC）表

DTC代码	检测项目	DTC检测条件	检测模式	故障部位
B1000/31	中央气囊传感器总成故障	·中央气囊传感器总成故障	*1	中央气囊传感器总成
B1610/13	右前气囊传感器故障	·右前气囊传感器故障 ·中央气囊传感器总成故障	*1	1. 右前气囊传感器 2. 中央气囊传感器总成
B1612/83	与右前气囊传感器失去通信	·中央气囊传感器总成收到右前气囊传感器电路线路短路信号、断路信号、对搭铁短路信号或对B+短路信号的时间达2s	*1	1. 仪表板线束 2. 发动机舱主线束 3. 右前气囊传感器 4. 中央气囊传感器总成
B1613/83	右前气囊传感器初始化未完成	·右前气囊传感器故障 ·中央气囊传感器总成故障	*1	同DTC B1612/83
B1615/14	左前气囊传感器故障	·左前气囊传感器故障 ·中央气囊传感器总成故障	*1	1. 左前气囊传感器 2. 中央气囊传感器总成
B1617/84	与左前气囊传感器失去通信	·中央气囊传感器总成收到左前气囊传感器电路线路短路信号、断路信号、对搭铁短路信号或对B+短路信号的时间达2s	*1	1. 仪表板线束 2. 发动机舱主线束 3. 左前气囊传感器 4. 中央气囊传感器总成
B1618/84	左前气囊传感器初始化未完成	·左前气囊传感器故障 ·中央气囊传感器总成故障	*1	同DTC B1617/84
B1620/21	驾驶人侧—侧气囊传感器故障	·左侧侧气囊传感器故障 ·中央气囊传感器总成故障	*1	1. 左侧侧气囊传感器 2. 中央气囊传感器总成
B1622/81	与驾驶人侧—侧气囊传感器总成失去通信	·中央气囊传感器总成收到左侧侧碰撞传感器电路（决定前排左侧座椅侧气囊总成和左侧窗帘式安全气囊总成的展开）线路短路信号、断路信号、对搭铁短路信号或对B+短路信号的时间达2s	*1	1. 1号地板线束 2. 左侧侧气囊传感器 3. 左后气囊传感器 4. 中央气囊传感器总成
B1623/81	驾驶人侧—侧气囊传感器总成初始化未完成	·左侧侧气囊传感器故障 ·左后气囊传感器故障 ·中央气囊传感器总成故障	*1	同DTC B1622/81
B1625/22	前排乘客侧—侧气囊传感器故障	·右侧侧气囊传感器故障 ·中央气囊传感器总成故障	*1	1. 右侧侧气囊传感器 2. 中央气囊传感器总成
B1627/82	与前排乘客侧—侧气囊传感器总成失去通信	·中央气囊传感器总成收到右侧侧碰撞传感器电路（决定前排右侧座椅侧气囊总成和右侧窗帘式安全气囊总成的展开）线路短路信号、断路信号、对搭铁短路信号或对B+短路信号的时间达2s	*1	1. 2号地板线束 2. 右后气囊传感器 3. 右侧侧气囊传感器 4. 中央气囊传感器总成
B1628/82	前排乘客侧—侧气囊传感器总成初始化未完成	·右侧侧气囊传感器故障 ·右后气囊传感器故障 ·中央气囊传感器总成故障	*1	同DTC B1627/82

续上表

DTC代码	检测项目	DTC检测条件	检测模式	故障部位
B1630/23	驾驶人侧后气囊传感器故障	·左后气囊传感器故障 ·中央气囊传感器总成故障	*1	1. 左后气囊传感器 2. 中央气囊传感器总成
B1632/81	与驾驶人侧后气囊传感器总成失去通信	同 DTC B1622/81 和 B1623/81	*1	1. 1号地板线束 2. 左侧气囊传感器 3. 左气囊传感器 4. 中央气囊传感器总成
B1633/81	驾驶人侧后气囊传感器总成初始化未完成		*1	同 DTC B1622/81
B1635/24	前排乘客侧后气囊传感器故障	·右后气囊传感器故障 ·中央气囊传感器总成故障	*1	1. 右后气囊传感器 2. 中央气囊传感器总成
B1637/82	与前排乘客侧后气囊传感器总成失去通信	同 DTC B1627/82 和 B1628/82	*1	同 DTC B1627/82
B1638/82	前排乘客侧后气囊传感器总成初始化未完成		*1	同 DTC B1627/82
B1642/81	与驾驶人侧卫星传感器总线失去通信	同 DTC B1622/81 和 B1623/81	*1	同 DTC B1622/81
B1643/81	驾驶人侧卫星传感器总线初始化未完成		*1	同 DTC B1622/81
B1647/82	与前排乘客侧卫星传感器总线失去通信	同 DTC B1627/82 和 B1628/82	*1	同 DTC B1627/82
B1648/82	左侧卫星传感器总线初始化未完成		*1	同 DTC B1627/82
B1800/51	驾驶人侧点火管电路短路	·初步检查过程中，中央气囊传感器总成5次接收到驾驶人侧点火管电路的线路短路信号 ·驾驶人侧点火管故障 ·螺旋电缆故障 ·中央气囊传感器总成故障	*2	1. 仪表板线束 2. 螺旋电缆 3. 转向盘装饰盖（驾驶人侧点火管） 4. 中央气囊传感器总成
B1801/51	驾驶人侧点火管电路断路	·中央气囊传感器总成接收到驾驶人侧点火管电路的线路断路信号持续2s ·驾驶人侧点火管故障 ·螺旋电缆故障 ·中央气囊传感器总成故障	*2	同 DTC B1800/51
B1802/51	驾驶人侧点火管电路对搭铁短路	·中央气囊传感器总成接收到驾驶人侧点火管电路的线路对搭铁短路信号持续0.5s ·驾驶人侧点火管故障 ·螺旋电缆故障 ·中央气囊传感器总成故障	*2	同 DTC B1800/51
B1803/51	驾驶人侧点火管电路对B+短路	·中央气囊传感器总成接收到驾驶人侧点火管电路的线路对B+短路信号持续0.5s ·驾驶人侧点火管故障 ·螺旋电缆故障 ·中央气囊传感器总成故障	*2	同 DTC B1800/51
B1805/52	驾驶人侧点火管电路短路	·初步检查过程中，中央气囊传感器总成5次接收到前排乘客侧点火管电路的线路短路信号 ·前排乘客侧点火管故障 ·中央气囊传感器总成故障	*2	1. 仪表板线束 2. 仪表板线束总成 3. 前排乘客气囊总成（前排乘客侧点火管） 4. 中央气囊传感器总成
B1806/52	前排乘客侧点火管电路断路	·中央气囊传感器总成接收到前排乘客侧点火管电路的线路断路信号持续2s ·前排乘客侧点火管故障 ·中央气囊传感器总成故障	*2	同 DTC B1805/52
B1807/52	前排乘客侧点火管电路对搭铁短路	·中央气囊传感器总成接收到前排乘客侧点火管电路的线路对搭铁短路信号持续0.5s ·前排乘客侧点火管故障 ·中央气囊传感器总成故障	*2	同 DTC B1805/52

续上表

DTC代码	检 测 项 目	DTC检测条件	检测模式	故 障 部 位
B1808/52	前排乘客侧点火管电路对B+短路	·中央气囊传感器总成接收到前排乘客侧点火管电路的线路对 B+ 短路信号持续 0.5s ·前排乘客侧点火管故障 ·中央气囊传感器总成故障	*2	同 DTC B1805/52
B1820/55	前排驾驶人侧—侧点火管电路短路	·初步检查过程中，中央气囊传感器总成 5 次接收到前排驾驶人侧—侧点火管电路的线路短路信号 ·前排驾驶人侧—侧点火管故障 ·中央气囊传感器总成故障	*2	1. 2 号地板线束 2. 前排右侧座椅侧气囊总成（前排乘客侧—侧点火管） 3. 中央气囊传感器总成
B1821/55	前排驾驶人侧—侧点火管电路断路	·中央气囊传感器总成在前排驾驶人侧—侧点火管电路中接收到一个断路信号持续 2s ·前排驾驶人侧—侧点火管故障 ·中央气囊传感器总成故障	*2	同 DTC B1820/55
B1822/55	前排驾驶人侧—侧点火管电路对搭铁短路	·中央气囊传感器总成在前排驾驶人侧—侧点火管电路中接收到一个对搭铁短路信号持续 0.5s ·前排驾驶人侧—侧点火管故障 ·中央气囊传感器总成故障	*2	同 DTC B1820/55
B1823/55	前排驾驶人侧—侧点火管电路对 B+ 短路	·中央气囊传感器总成在前排驾驶人侧—侧点火管电路中接收到一个对 B+ 短路信号持续 0.5s ·前排驾驶人侧—侧点火管故障 ·中央气囊传感器总成故障	*2	同 DTC B1820/55
B1825/56	前排乘客侧—侧点火管电路短路	·初步检查过程中，中央气囊传感器总成 5 次接收到前排乘客侧—侧点火管电路的线路短路信号 ·前排乘客侧—侧点火管故障 ·中央气囊传感器总成故障	*2	1. 地板线束 2. 前排左侧座椅侧气囊总成（前排驾驶人侧—侧点火管） 3. 中央气囊传感器总成
B1826/56	前排乘客侧—侧点火管电路断路	·中央气囊传感器总成在前排乘客侧—侧点火管电路中接收到一个断路信号持续 2s ·前排乘客侧—侧点火管故障 ·中央气囊传感器总成故障	*2	同 DTC B1825/56
B1827/56	前排乘客侧—侧点火管电路对搭铁短路	·中央气囊传感器总成在前排乘客侧—侧点火管电路中接收到一个对搭铁短路信号持续 0.5s ·前排乘客侧—侧点火管故障 ·中央气囊传感器总成故障	*2	同 DTC B1825/56
B1828/56	前排乘客侧—侧点火管电路对 B+ 短路	·中央气囊传感器总成在前排乘客侧—侧点火管电路中接收到一个对 B+ 短路信号持续 0.5s ·前排乘客侧—侧点火管故障 ·中央气囊传感器总成故障	*2	同 DTC B1825/56
B1830/57	驾驶人侧窗帘式安全气囊点火管电路短路	·初步检查过程中，中央气囊传感器总成 5 次接收到驾驶人侧窗帘式安全气囊点火管电路的线路短路信号 ·驾驶人侧窗帘式安全气囊点火管故障 ·中央气囊传感器总成故障	*2	1. 2 号地板线束 2. 右侧窗帘式安全气囊总成（前排乘客侧窗帘式安全气囊点火管） 3. 中央气囊传感器总成
B1831/57	驾驶人侧窗帘式安全气囊点火管电路断路	·中央气囊传感器总成在驾驶人侧窗帘式安全气囊点火管电路中接收到一个断路信号持续 2s ·驾驶人侧窗帘式安全气囊点火管故障 ·中央气囊传感器总成故障	*2	同 DTC B1830/57

任务 3 安全气囊系统(SRS)的检测

续上表

DTC代码	检 测 项 目	DTC检测条件	检测模式	故 障 部 位
B1832/57	驾驶人侧窗帘式安全气囊点火管电路对搭铁短路	·中央气囊传感器总成在驾驶人侧窗帘式安全气囊点火管电路中接收到一个对搭铁短路信号持续0.5s ·驾驶人侧窗帘式安全气囊点火管故障 ·中央气囊传感器总成故障	*2	同 DTC B1830/57
B1833/57	驾驶人侧窗帘式安全气囊点火管电路对 B+ 短路	·中央气囊传感器总成在驾驶人侧窗帘式安全气囊点火管电路中接收到一个对 B+ 短路信号持续 0.5s ·驾驶人侧窗帘式安全气囊点火管故障 ·中央气囊传感器总成故障	*2	同 DTC B1830/57
B1835/58	前排乘客侧窗帘式安全气囊点火管电路短路	·初步检查过程中,中央气囊传感器总成 5 次接收到前排乘客侧窗帘式安全气囊点火管电路的线路短路信号 ·前排乘客侧窗帘式安全气囊点火管故障 ·中央气囊传感器总成故障	*2	1. 地板线束 2. 左侧窗帘式安全气囊总成(驾驶人侧窗帘式安全气囊点火管) 3. 中央气囊传感器总成
B1836/58	前排乘客侧窗帘式安全气囊点火管电路断路	·中央气囊传感器总成在前排乘客侧窗帘式安全气囊点火管电路中接收到一个断路信号持续 2s ·前排乘客侧窗帘式安全气囊点火管故障 ·中央气囊传感器总成故障	*2	同 DTC B1835/58
B1837/58	前排乘客侧窗帘式安全气囊点火管电路对搭铁短路	·中央气囊传感器总成在前排乘客侧窗帘式安全气囊点火管电路中接收到一个对搭铁短路信号持续0.5s ·前排乘客侧窗帘式安全气囊点火管故障 ·中央气囊传感器总成故障	*2	同 DTC B1835/58
B1838/58	前排乘客侧窗帘式安全气囊点火管电路对 B+ 短路	·中央气囊传感器总成在前排乘客侧窗帘式安全气囊点火管电路中接收到一个对 B+ 短路信号持续0.5s ·前排乘客侧窗帘式安全气囊点火管故障 ·中央气囊传感器总成故障	*2	同 DTC B1835/58
B1900/73	前排驾驶人侧预紧器点火管电路短路	·初步检查过程中,中央气囊传感器总成 5 次接收到前排驾驶人侧预紧器点火管电路的线路短路信号 ·前排驾驶人侧预紧器点火管故障 ·中央气囊传感器总成故障	*2	1.2 号地板线束 2. 前排右侧座椅外安全带总成(前排乘客侧预紧器点火管) 3. 中央气囊传感器总成
B1901/73	前排驾驶人侧预紧器点火管电路断路	·中央气囊传感器总成在前排驾驶人侧预紧器点火管电路中接收到一个断路信号持续 2s ·前排驾驶人侧预紧器点火管故障 ·中央气囊传感器总成故障	*2	同 DTC B1900/73
B1902/73	前排驾驶人侧预紧器点火管电路对搭铁短路	·中央气囊传感器总成在前排驾驶人侧预紧器点火管电路中接收到一个对搭铁短路信号持续 0.5s ·前排驾驶人侧预紧器点火管故障 ·中央气囊传感器总成故障	*2	同 DTC B1900/73
B1903/73	前排驾驶人侧预紧器点火管电路对 B+ 短路	·中央气囊传感器总成在前排驾驶人侧预紧器点火管电路中接收到一个对 B+ 短路信号持续 0.5s ·前排驾驶人侧预紧器点火管故障 ·中央气囊传感器总成故障	*2	同 DTC B1900/73
B1905/74	前排乘客侧预紧器点火管电路短路	·初步检查过程中,中央气囊传感器总成 5 次接收到前排乘客侧预紧器点火管电路的线路短路信号 ·前排乘客侧预紧器点火管故障 ·中央气囊传感器总成故障	*2	1. 地板线束 2. 前排左侧座椅外安全带总成(前排驾驶人侧预紧器点火管) 3. 中央气囊传感器总成

续上表

DTC代码	检测项目	DTC检测条件	检测模式	故障部位
B1906/74	前排乘客侧预紧器点火管电路断路	·中央气囊传感器总成在前排乘客侧预紧器点火管电路中接收到一个断路信号持续 2s ·前排乘客侧预紧器点火管故障 ·中央气囊传感器总成故障	*2	同 DTC B1905/74
B1907/74	前排乘客侧预紧器点火管电路对搭铁短路	·中央气囊传感器总成在前排乘客侧预紧器点火管电路中接收到一个对搭铁短路信号持续 0.5s ·前排乘客侧预紧器点火管故障 ·中央气囊传感器总成故障	*2	同 DTC B1905/74
B1908/74	前排乘客侧预紧器点火管电路对 B+ 短路	·中央气囊传感器总成在前排乘客侧预紧器点火管电路中接收到一个对 B+ 短路信号持续 0.5s ·前排乘客侧预紧器点火管故障 ·中央气囊传感器总成故障	*2	同 DTC B1905/74

注：*1表示DTC与检测模式不对应。*2表示DTC与检测模式相对应。

任务 4　汽车前照灯的故障检测

一　任务说明

由于前照灯的照明效果直接影响夜间交通安全，世界各国和地区都以法律形式规定前照灯的照明要求。前照灯通常采用双丝灯泡，即包括近光灯和远光灯。

近光灯用于汽车在明亮的城市道路行驶时的照明或会车时的照明，防止车辆在会车时前照灯的强光束使迎面车辆的驾驶人产生炫目。

远光灯用于车辆正常行驶或在高速公路上行驶时的照明，保证车辆在高速公路上的安全行驶。

二　技术标准与要求

（1）汽车前照灯控制电路，如图4-1所示。

（2）拆除蓄电池负极，等待90s后，再拆除安全气囊。

（3）拆卸转向盘时，要保证转向盘处于中间位置。

（4）转向盘固定螺栓的拧紧力矩应符合规定值。

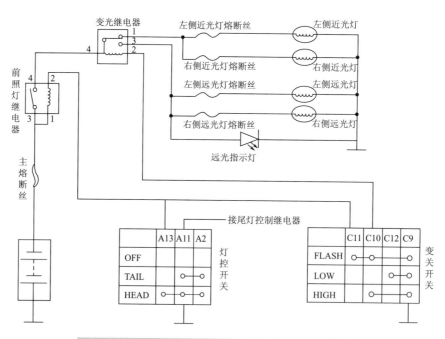

图4-1　汽车前照灯控制电路

三　实训时间　45min　

四　实训教学目标

（1）了解汽车前照灯系统的基本功用。
（2）学会分析汽车的前照灯电路图。
（3）掌握汽车前照灯故障的排除方法。

五 实训器材

丰田轿车、万用表、试灯、跨接线、备用蓄电池、组合工具、翼子板护裙及驾驶舱内保护罩等其他工具及器材。

六 教学组织

1 教学组织形式
每辆车安排4名学生参与实训,两名学生为一组。一组操作,一组观察学习和考评。

2 学生站位分工和要求
两名学生一组,1人负责操作,1人负责递工具和整理部件。

3 实训教师职责
讲解操作步骤和注意事项;下达"操作开始"口令;工位间巡视、检查、指导和纠正错误。

4 学生职责变换
2名学生实行职责变换制度,即第一遍第1个人操作,第2个人辅助;第二遍轮流交换。

七 操作步骤

▲ 第一步 前期准备

1 清洁、整理工位,准备好相关的工具和物品。

提示:
培养良好的工作习惯,做好事前准备,有利于安全操作和提高工作效率。

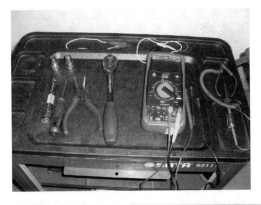

2 将车辆停到工位的正确位置。

提示:
如果学员没有驾驶证,可几个人一起推车,但此时绝对不允许起动发动机来将车停靠到正确的工位。推车时要打开点火开关,并将变速器置于空挡。

3 打开汽车左前门,拉紧驻车制动器,并将变速器置于P挡位。

提示:
为保证车辆在工位上的可靠驻停,防止出现溜滑,造成安全事故,要拉紧驻车制动器,并将变速器置于P挡位置。

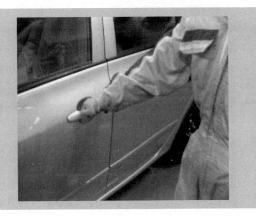

4 安放车轮挡块。

提示：

将挡块安放在汽车前轮前部、后轮后部，防止车辆在两个方向移动。安放挡块时，避免挡块只锁住一个方向的运动。

第二步　询问故障信息

1 分析车辆的故障原因。

提示：

分析车辆目前所出现的故障及故障发生时所处的外部环境。

2 记录车上物品。

提示：

记录储物盒和行李舱的物品，并要求客户签字确认，以防维修后留下客户物品丢失隐患。

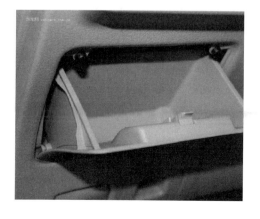

3 检查车漆划痕情况，并做相关记录。

提示：

绕车查看，要把车漆划痕的位置、大小等详细数据记录在记录表上。

4 记录车辆的基本信息。

提示：

记录维修车辆的相信息，以便日后统计，同时把记录有车厢储物盒内及后备箱内物品信息的表交给车主签字确认。

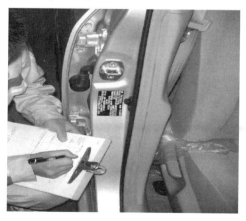

第三步　准备相关工具和仪器

 准备1个试灯。

提示：

本试灯为双向试灯，只要有电流（不论电流方向）通过试灯，试灯就会点亮。

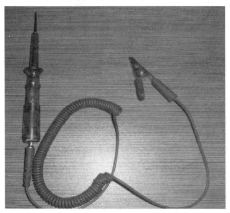

 准备1块数字式万用表（简称万用表）。

提示：

数字式万用表是精密仪器，严禁违规操作。

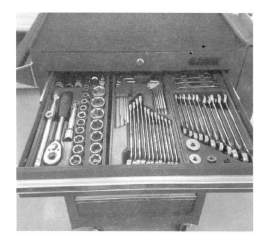 准备1辆组合工具车。

 准备1辆零件存放工具车。

 准备1块备用蓄电池。

提示：

备用的蓄电池与当前汽车使用的蓄电池型号必须一致。

任务 4　汽车前照灯的故障检测

第四步　前照灯的使用介绍

 点火开关的各挡位介绍。

提示：

点火开关有四个挡位，当钥匙插入以后，转动钥匙时其挡位情况分别是："LOCK""ACC""ON""START"。

 组合开关的使用介绍。

提示：

（1）组合开关左右拨动时，用于控制转向灯点亮与熄灭。

（2）组合开关依次转动时，用于控制前照灯熄灭、示宽灯点亮、前照灯点亮。

（3）组合开关（下、中、上拨动）时，用于控制前照灯近光、远光、闪光的变化。

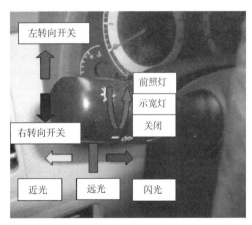

 示宽灯点亮。

提示：

组合开关由"▬"位置转动到"●"位置，用手转动组合开关的外缘即可。

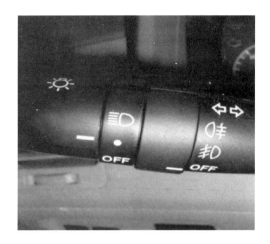

 前照灯点亮。

提示：

组合开关由"▬"位置转动到"⊐"位置。

 远光灯位置。

提示：

组合开关拨到最底部。

近光灯位置。

提示：

组合开关拨到中间位置。

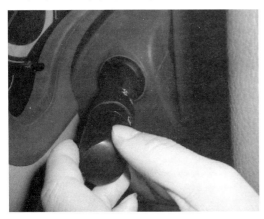

提示：

组合开关拨到最上端位置。当手松开时，组合开关自动退回到近光灯的位置。

7 闪光灯位置。

8 前照灯水平调整功能。

提示：

调整时，数值越小，前照灯照射角度就越偏上。

🌲 第五步　安装防护设备

安装转向盘套、座套、铺设地板垫。

提示：

（1）保护罩是由薄塑料制成的，极易破损。所以在安装时，用力要小，以免因造成损坏。

（2）保护罩的主要作用是在操作过程中保持驾驶室内清洁。

第六步 确认故障现象

1 将点火开关转动到"ON"位置。

提示：

如果此时钥匙转不动，可试着边转动转向盘边转钥匙。

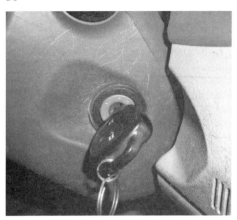

2 将组合开关转动到示宽灯点亮位置。

变光器开关

3 检查仪表灯是否能点亮。

提示：

（1）此时仪表灯点亮，工作正常，则进行下一步操作。

（2）若此时仪表灯不能正常点亮，则应检查仪表灯的供电线路。

4 检查两侧的示宽灯能否正常点亮。

提示：

（1）此时示宽灯能点亮，工作正常，则进行下一步操作。

（2）若两侧示宽灯不能正常工作，则应检查示宽灯的供电线路。

5 将组合开关拨到近光灯点亮位置。

提示：

在操作之前，变光器开关已经在一挡位置，此时只需再转过一个挡位即可。

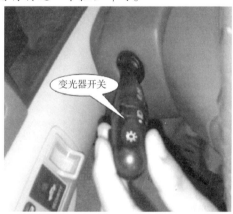

变光器开关

6 观察故障现象：两侧近光灯均不能点亮。

🌲 第七步 记录故障现象

记录汽车前照灯的故障现象。

提示:

近光灯不亮时,还要记录故障发生的条件。

🌲 第八步 检查蓄电池电压

 打开发动机舱盖保险的第二级锁止装置。

提示:

发动机舱盖的开启有两层保险装置,下图所示为第二级保险,位置在驾驶舱的左下角。

 打开发动机舱盖的第一级锁止装置。

提示:

用双手托住发动机舱盖前边沿,将右手四指探到机舱里面,当触摸到锁止机构时,向右推开锁止机构即可。

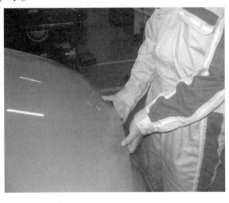

 安装翼子板布和前格栅布。

提示:

(1)安装翼子板布的主要目的是,保护操作中能够接触到的翼子板车漆及前照灯等。

(2)翼子板布通过磁铁吸附在车身上。安装翼子板布时,当其接近车身,操作人员感受到有吸力时,要稍稍用力,使护裙轻轻与车身贴合,不允许听到接触碰撞声。

 检查蓄电池的电压是否正常。标准电压为11~14V。

提示:

(1)此时若检测出蓄电池电压为12.23V,即为正常状态,可进行下一步操作。

(2)如果蓄电池电压低于11V,应先对蓄电池进行充电或更换蓄电池,再试车验证故障是否已排除。

常状态，可进行下一步操作。

（2）如果蓄电池电压低于11V，则维修蓄电池负极的搭铁线束，再试车验证故障是否已排除。

 检查蓄电池的搭铁回路是否正常。

提示：

（1）此时若检测出蓄电池电压为12.23V，为正

🌲 第九步　检查前照灯连接器松动情况

 检查前照灯连接器是否松动。

提示：

由于汽车行驶中产生颠簸，会导致连接器松动以致接触不良，很多实车故障就是因为连接器没连接好。

 再次试车，检查故障现象。

提示：

（1）若近光灯能点亮，故障得以排除，整理场地。

（2）若此时近光灯还是不能点亮，则判断为电路故障，应进行下一步操作。

🌲 第十步　检查前照灯灯泡灯丝

1 断开前照灯连接器。

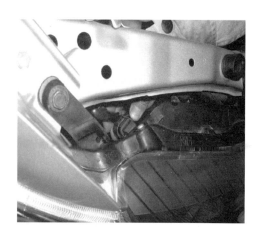

取下前照灯灯泡,检查灯泡灯丝是否破损。

提示:

(1)若灯泡灯丝无破损,则进行下一步操作。

(2)若灯泡灯丝破损,请更换相同型号的灯泡,并再次试车验证故障现象。

(3)从车上拆下灯泡时,要避免其受到碰撞。拔右侧前照灯连接器的插头时,注意插头与插座之间有锁止机构,分离该机构时要小心。

第十一步 参照正确的维修流程

 参考维修手册。

提示:

参考卡罗拉轿车维修手册中的车身电控部分。

 参照正确的操作流程。

提示:

两侧前照灯(近光)不亮的故障检测流程。

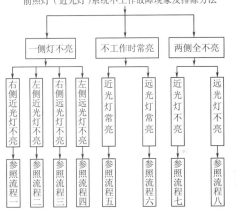

第十二步 检查前照灯的供电电压

 将点火开关置于"ACC"位置。

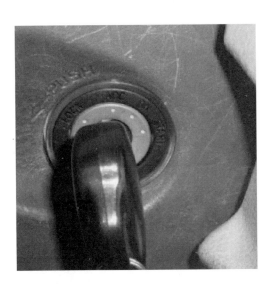

 拔下前照灯连接器。

提示:

前照灯连接器孔端:1号为电源端子,2号为搭铁端子。

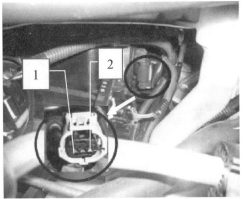

3 将点火开关置于"ON"位置。

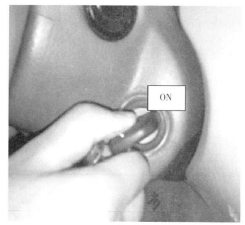

4 将组合开关置于近光位置。

提示：

变光开关此时应处于中间位置。

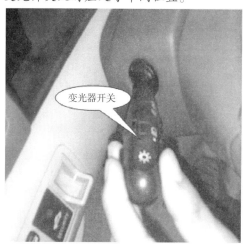

变光器开关

5 用试灯检查连接器孔端的2号端子是否有电压。

提示：

将试灯的鳄鱼夹子端直接夹在蓄电池的负极，表笔插入连接器的孔中，此时试灯亮为正常。

（1）此时试灯不亮，则进行下一步操作。

（2）如果检测时试灯是点亮的：则转至维修搭铁线束，再试车验证故障是否已排除。

6 重新连接前照灯连接器。

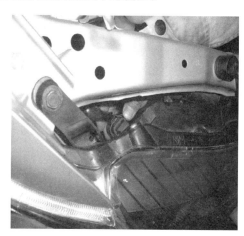

🌲 第十三步　检查变光继电器的供电电压

1 关闭点火开关。

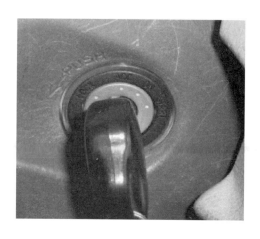

2 打开发动机舱继电器盒盖。

:

打开发动机舱继电器盒盖，盒盖背面有各个熔断器的用途说明。

3 拔出变光继电器。

:

用双手大拇指和食指扣住变光继电器后慢慢向上提。

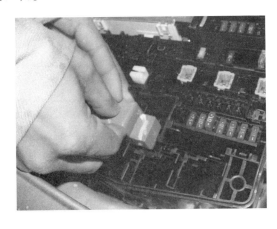

4 将点火开关转至"ON"位置，变光开关拨到近光位置。

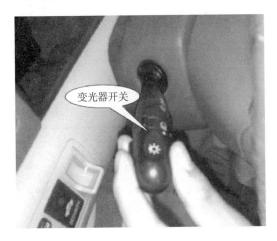

5 用试灯检查变光器插座上的4号端子。

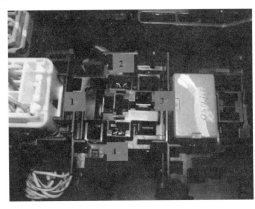

6 查看试灯的是否点亮。

:

（1）此时试灯没有点亮，说明变光器插座上的4号端子没有电压，则进行下一步操作。

（2）若此时试灯为点亮状态，则维修变光继电器到前照灯近光侧熔断丝间的线路，再试车验证故障是否已排除。

7 关闭点火开关，把变光继电器复位。

:

安装变光继电器时，用力要小，避免损坏元器件。

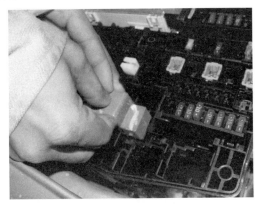

任务 4 汽车前照灯的故障检测

85

第十四步 检查主熔断丝

 拔出主熔断丝。

提示：

其位置也是在发动机舱继电器盒内。

 万用表校准。

提示：

把万用表挡位转到20Ω测试位置，将红黑表笔相连，显示电阻小于0.5Ω，为正常。若不正常，则更换万用表。

提示：

实校万用表内阻为0.49Ω。

 用万用表检查熔断丝的阻值是否符合标准，标准电阻值小于1Ω。

提示：

（1）此时检测的电阻值为0.61Ω，符合规定。再进行下一步操作。

（2）若检测出电阻值不正常，则更换相同规格的熔断器并检查线路短路点（熔断丝到前照灯元件的线路）。然后再试车验证故障是否已排除。

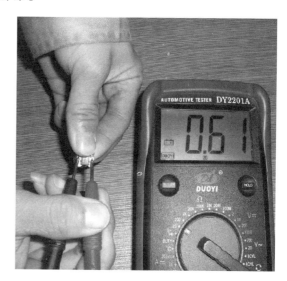

 用试灯检查熔断丝插槽上的供电电压，查看试灯是否点亮。

提示：

（1）此时试灯若为点亮状态，说明熔断丝插槽上的供电正常。接下来进行下一步操作。

（2）若试灯没有点亮，则维修从蓄电池正极到熔断丝的线路线束。然后再试车验证故障是否已排除。

▲ 第十五步　检查前照灯继电器的供电电压

1 关闭点火开关，拔下前照灯继电器。

提示：

用双手大拇指和食指扣住前照灯继电器后慢慢向上拉。

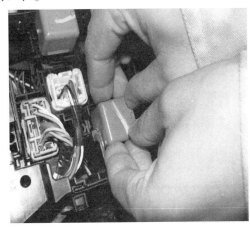

2 将变光开关拨到近光位置。

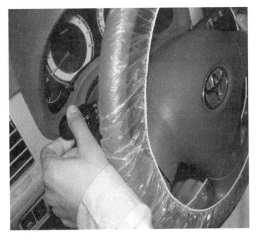

3 用试灯检查前照灯继电器孔端的2号端子。

4 查看试灯是否点亮。

提示：

（1）此时试灯若为点亮状态，说明继电器孔端的2号端子有电压，则进行下一步操作。

（2）若试灯没有亮起，则维修从主熔断丝到前照灯继电器的线路线束，再试车验证故障是否已排除。

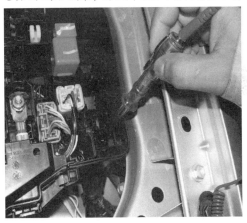

5 用万用表检查前照灯继电器插座上的2号端子与搭铁之间的电阻值是否符合标准，正常电阻值为小于1Ω。

提示：

（1）此时显示的电阻值若为无穷大，则不正常，再进行下一步操作。

（2）若此时测量的电阻值符合规定，则更换前照灯继电器，再试车验证故障是否已排除。

第十六步　检查前照灯组合开关总成

1 关闭点火开关。

2 用手从蓄电池负极接线柱上取下电缆，并使之可靠地离开负极接线柱。

提示：

拆卸蓄电池电缆时，应按照先拆负极电缆，后拆正极电缆的顺序进行。否则，容易引起正极电缆搭铁，导致电控单元因瞬时高电压而损坏。

特别注意：等待90s以后，开始执行下一步操作，以防不正当操作引爆安全气囊。

3 拆下转向盘总成。

提示：

拆卸转向盘前，先把转向轮转到直线行驶位置。

提示：

不正确的操作会引爆安全气囊装置，导致人身安全事故。

4 拆下踏板护罩。

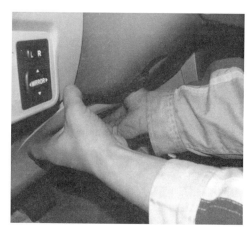

5 拆下转向盘下的螺栓护罩。

6 用内六角扳手拧松转向盘护罩两侧的锁紧螺栓。

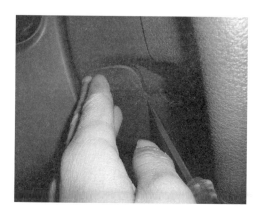

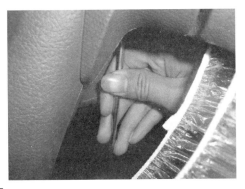

7 取下转向盘护罩。

:

先松开两个连接器,即喇叭开关连接器和安全气囊连接器。此时严禁用万用表去测量。

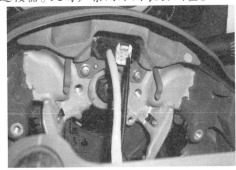

8 断开安全气囊连接器。

提示:

先用胶布缠住一字螺丝刀头,然后撬开安全气囊连接器的两层保险。

9 断开安全气囊第二层连接器,取下转向盘护罩。

10 用扭力扳手松开转向盘锁紧螺栓。

:

松开螺栓前,转向盘的方向必须打正,同时用记号笔作转向盘的安装记号。

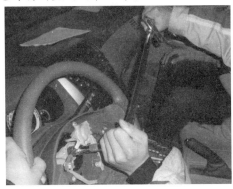

11 取下转向盘总成。

12 松开转向柱护罩的锁止机构。

:

转向柱两边都有拆装小孔。此时可用一字螺丝刀轻轻撬开保险装置。

13 拆下转向柱护罩。

:

用小的一字螺丝刀深入锁止机构内部,轻微撬动,直到分离机构脱钩。

任务 4 汽车前照灯的故障检测

14 把零件摆到工具车上。

拆卸下来的零件和工具要摆放整齐,以便安装。

15 断开组合开关总成连接器。

16 组合开关连接器孔端如下图所示。

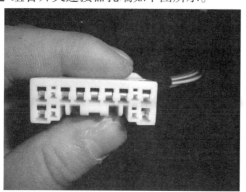

17 连接器端子号位置说明,如下图所示。

对照本章开头介绍的电路图,一一对照检查。

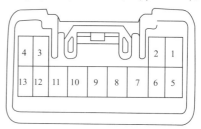

18 进行组合开关连接器端子侧的线路检查。

检查变光插接器原件一侧的连接端子的电阻值,用万用表检测时的端子参照图如下图所示。

端子号	开关状态	规定状态
10–13	OFF	无穷大
11–13	TALL	小于1Ω
10–13	HEAD	小于1Ω
11–13		
11–8	近光LOW	小于1Ω
11–9	远光HIGH	小于1Ω
7–11 9–11	闪光FLASH	小于1Ω

19 用万用表检查组合开关孔端的搭铁回路的电阻值是否符合规定值,标准阻值小于1Ω。

用万用表红表笔搭组合开关连接器的11端子,黑表笔搭驾驶舱的搭铁点,测量两者间的电阻值,标准电阻应小于1Ω。

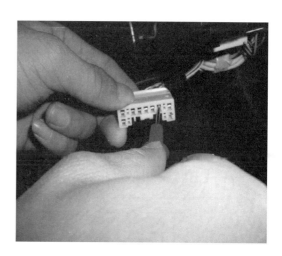

检测驾驶舱的搭铁部位。

提示:

搭铁部位在驾驶舱的右下角,检测前要拆除塑料护板。

(1)此时测量的电阻值若符合规定,则进行下一步操作。

(2)若测量的电阻值不正常,则维修搭铁线路,再试车验证故障是否已排除。

接器孔端的A13端子之间的电阻值,标准电阻小于1Ω。若检测正常,则更换组合开关总成。

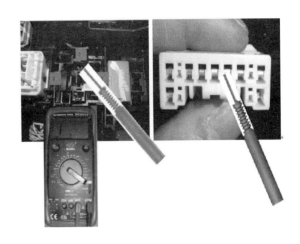

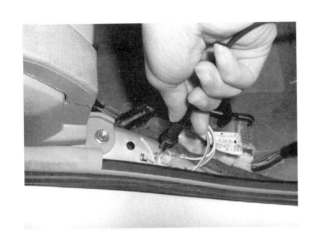

 检查灯控连接器到前照灯继电器连接线路,若万用表显示无穷大,表明线路中有断路现象。

提示:

检测继电器插槽上的2号端子到组合开关连

22 维修线束,并安装从车上拆卸下来的零部件。

🌲 第十七步　复查故障现象

将组合开关拨到近光位置,两侧前照灯能正常工作,故障已排除。

🌲 第十八步　整理场地　将车辆交付车主

1 拆除发动机舱和驾驶舱的防护布并用干净的布清洁车身。

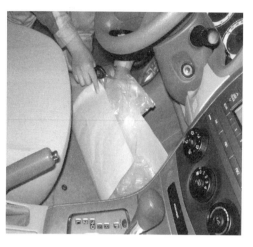

2 用干净的抹布清洁车身。

3 整理场地，将车辆交付车主。

八 考核标准

考核标准表

评价内容	分值	序号	具体指标	分值	小组评分	教师评分
仪容仪表	10分	1	工作服、鞋、帽穿戴整洁	2分		
		2	发型、指甲等符合工作要求	3分		
		3	不佩戴首饰、钥匙、手表等	5分		
工作安全	20分	4	工具、器材无落地现象	5分		
		5	操作过程中操作者应沉着冷静	5分		
		6	汽车的安全操作过程	5分		
		7	无人员及设备损伤事故	5分		
工作过程	60分	8	试灯、万用表的规范使用	5分		
		9	询问车主，了解相关故障信息	3分		
		10	试车验证故障部位	2分		

续上表

评价内容	分值	序号	具 体 指 标	分值	小组评分	教师评分
工作过程	60分	11	记录车辆相关信息	3分		
		12	维修前的防护工作	2分		
		13	维修前工具的准备	2分		
		14	前照灯变光器开关的使用	5分		
		15	前照灯的认知(近、远光)	2分		
		16	参照正确的操作流程操作	5分		
		17	前照灯的外观检查	3分		
		18	正确拔插前照灯插接器	3分		
		19	用试灯检查相对应的端子	5分		
		20	点火开关拨到相对应的挡位	3分		
		21	检查前照灯继电器及插座端子	2分		
		22	检查变光继电器及插座端子	2分		
		23	检查熔断器	2分		
		24	将转向盘转到正确位置	2分		
		25	检查变光器总成的拆装情况	10分		
		26	相关线路的测量	5分		
		27	故障部位的确认	10分		
		28	线路的维修	5分		
职业素养	10分	29	维修后的试车	3分		
		30	整理工具	2分		
		31	操作前实训指导书的使用	2分		
		32	学员之间的配合应默契	3分		
		33	在规定时间内完成操作	5分		
		34	填写工单	5分		
		35	5S工作	5分		
综合得分				100分		

任务 4 汽车前照灯的故障检测

附表：

汽车前照灯系统故障诊断作业记录表

班级：　　　　学号：　　　　姓名：

项　目	作业记录内容	备　注
一、询问车主	故障发生的时间，故障发生的部位，故障发生时的气候情况	
二、试车验证	故障现象	
三、记录车辆信息	记录整车型号，车辆识别代码，记录故障现象，记录车辆外观信息及车厢内的物品信息	
四、工具的准备	工具仪器准备	
五、安装防护设备	安装座椅套，安装地板垫，安装转向盘套，安装翼子板布，安装前格栅布	
六、车灯外观检查	灯泡是否破损，是否断裂，插接器是否松动	
七、选择正确操作流程	根据故障现象选择正确的操作流程	
八、操作步骤	第一步：检查　　项目 　　　　　　　数据是： 第二步：检查　　项目 　　　　　　　数据是： 第三步：检查　　项目 　　　　　　　数据是： 第四步：检查　　项目 　　　　　　　数据是：	
九、故障部位确认		
十、整理工具		

任务 5　汽车危险警告灯电路的故障检测

一　任务说明

当车辆遇到紧急情况时，驾驶人按下危险警告灯开关，两侧转向灯使明暗交替闪烁，请求其他车辆和行人避让，起警示作用。

二　技术标准与要求

（1）转向灯及危险警告灯控制电路图，如图5-1所示。

（2）拆除蓄电池负极后等待90s后，再拆除安全气囊装置。

（3）更换部件时，请选择相同型号的部件进行更换。

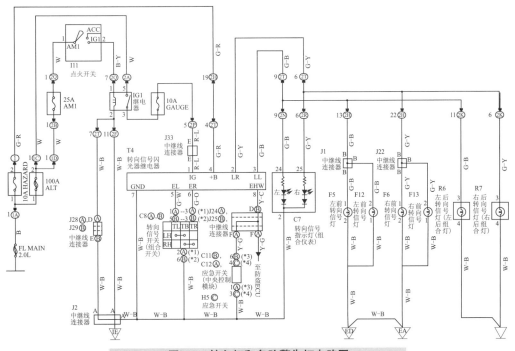

图5-1　转向灯和危险警告灯电路图

三　实训时间　45min　★★★★☆

四　实训教学目标

（1）了解汽车危险警告灯系统的基本功用。
（2）学会分析汽车危险警告灯系统的电路图。
（3）掌握汽车危险警告灯系统故障的排除方法。

五　实训器材

卡罗拉车型（GL）、金德KT600诊断仪、万用表、试灯、跨接线、备用蓄电池、组合工具、翼子板布及驾驶舱内保护罩等其他器材。

六 教学组织

1 教学组织形式
每辆车安排4名学生参与实训，两名学生为一组。一组操作，一组观察学习和考评。

2 学生的站位分工和要求
两名学生一组，1人负责操作，1人负责递工具和整理部件。

3 实训教师职责
讲解操作步骤和注意事项；下达"操作开始"口令；工位间巡视、检查、指导和纠正错误。

4 学生职责变换
2名学生实行职责变换制度，即第一遍第1个人操作，第2个人辅助；第二遍轮流交换。

七 操作步骤

第一步 前期准备

 清洁、整理工位，准备好相关的工具和物品。

提示：

培养良好的工作习惯，做好事前准备，有利于安全操作和提高工作效率。

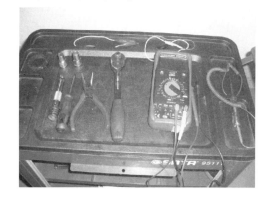

 将车停到工位的正确位置，便于维修时将其举升。

提示：

如果学员没有驾驶证，可几个人一起推车，但此时绝对不允许起动发动机来将车停靠在正确的工位。

3 打开汽车左前门，拉紧驻车制动器，并将变速器置于P挡位置。

提示：

为保证车辆在工位上可靠停驻，防止出现溜滑，造成安全事故，要拉紧汽车驻车制动器，并将变速器置于P挡位置。

 安放车轮挡块。

提示：

挡块的安放位置在汽车前轮前部及后轮后部，防止车辆向前、后两个方向移动，避免只锁住一个方向的运动。

▲ 第二步　询问故障信息

1 分析车辆的故障原因。

了解车辆目前所出现的故障及故障发生时所处的外界环境情况。

2 记录车上物品。

在记录表上记录储物盒和行李舱中的物品，并要求客户在记录表上签字确认，以防维修后留下客户物品丢失的隐患。

3 检查车漆划痕情况，并作相关记录。

绕车查看，要把车漆划痕的位置、大小等详细数据记录在记录表上。

4 记录车辆的基本信息和状况。

记录维修车辆的相关信息，以便日后统计。

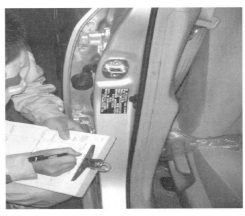

▲ 第三步　准备相关工具和仪器

1 准备1个LED试灯。

本试灯为双向试灯，只要有电流（不论电流方向）通过试灯，试灯就会点亮。

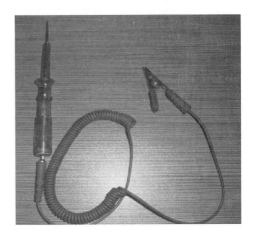

准备1块数字式万用表。

提示:

汽车上的一些检测仪器都是非常精密的,请爱护好。

3 准备1台金德KT600汽车诊断仪。

4 准备1辆组合工具车。

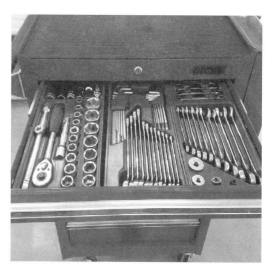

5 准备1辆常用零件存放车。

 准备1块备用蓄电池。

提示:

备用的蓄电池与当前汽车使用的蓄电池的型号必须一致。

🌲 第四步　安装防护设备

安装转向盘套、座套，铺设地板垫。

提示：

（1）保护罩是由薄塑料制成的，极易破损。所以在安装时，用力要小，以免因造成其损坏。

（2）保护罩的主要作用是在操作过程中保持驾驶室内清洁。

🌲 第五步　确认故障现象

 将开点火开关转至"ON"位置，拨动左侧或右侧的转向灯开关，检查转向系统工作是否正常。

提示：

（1）若转向系统工作正常，进行下一步操作。

（2）若转向系统工作不正常，则排除转向系统的故障，再试车验证故障是否已排除。

转向指示灯

 按下危险警告灯开关，检查两侧转向灯是否出现一定频率的双闪现象。

提示：

危险警告灯开关位于中控仪表台的正上方，其上面有一个红色的三角形标识。

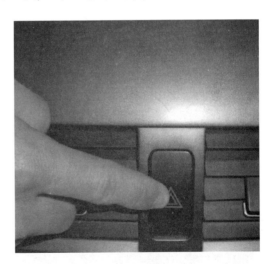

 确认故障现象：危险警告灯工作不正常，两侧转向灯不出现双闪。此时应进行下一步操作。

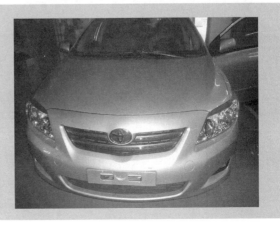

第六步 使用诊断仪进行动态测试

 组装诊断仪。

提示：

连接线与诊断仪相连的时候，要注意诊断口上的梯形方向。

2 将诊断插头插入诊断座中，使诊断仪与车能正常通信。

3 将点火开关置于ON位置。

 打开仪器电源。

提示：

仪器的左下角有一电源标识，轻轻往里按下就可以打开仪器电源。

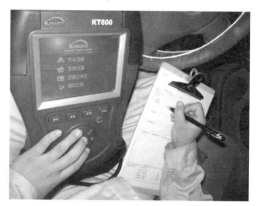

5 选择主菜单中的"汽车诊断"，系统进入第二菜单。

6 系统进入"中国车系"，选择第二菜单中的"TOYOTA"，按OK键。

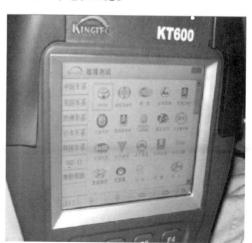

7 选择菜单中的"带CAN系统车型",或"新车"。按OK键,系统进入下一菜单。

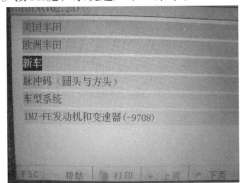

8 选择菜单中的"COROLLA",按OK键,系统进入下一菜单。

11 点击界面上的"Hazard"命令框。

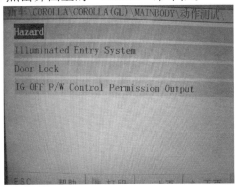

12 点击界面上的"动作测试"命令框。

9 选择菜单中的"GL",按OK键,系统进入下一菜单。

13 点击"Hazard"下的"ON"命令框。

10 进入车身控制系统(MAINBODY),按OK键,系统进入下一菜单。

14 检查两侧转向信号灯是否按规定频率闪烁。

提示:

(1)此时若两侧转向灯闪烁正常,则进行下一步操作。

(2)如果转向灯没有闪烁,则维修闪光继电器的负极搭铁线路,再试车验证故障是否已排除。

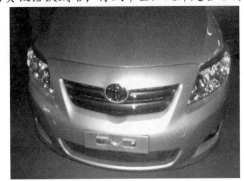

15 点击屏幕上的"退出"按钮。

16 关闭点火开关。

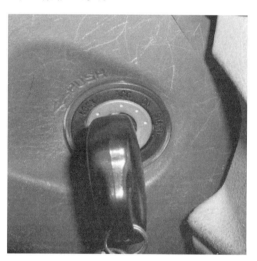

17 关闭诊断仪器电源。

提示：

关闭仪器电源前，先把诊断仪的界面退回到原始界面。

18 整理诊断仪。

第七步　检查危险警告灯开关

1 将点火开关转至ACC位置。

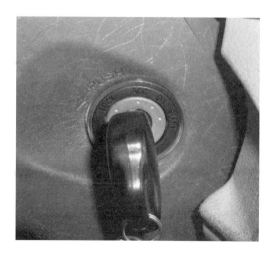

2 断开蓄电池负极接线电缆。

拆除仪表板两侧下装饰板。

提示:

装饰板是塑料制品,上面带有锁止机构,拆除时用力要小,以免其损坏。

 断开危险警告灯开关连接器。

提示:

断开危险警告灯开关连接器时,注意连接器锁扣装置,严禁强行拔拽。

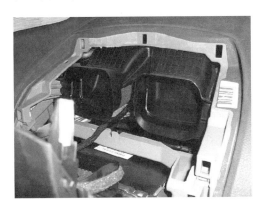

4 拆除仪表板两侧上装饰板。

7 拔下危险警告灯开关连接器。

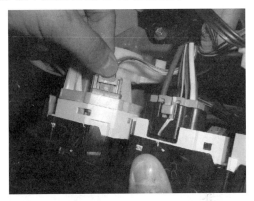

 拆下中控仪表台出风口总成。

提示:

取出中控仪表台出风口时,要注意两边应同时移出。

8 危险警告灯开关连接器孔端子如下图所示。

 危险警告灯开关连接器针端子如下图所示。

提示:

危险警告灯开关端子号如下图所示。

任务 5 汽车危险警告灯电路的故障检测

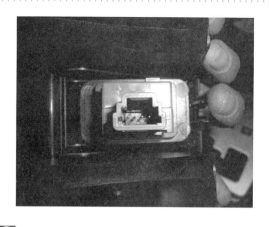

10 危险警告灯开关处于OFF位置时，测量1-4端子间电阻值是否正常。其标准电阻值为10kΩ或更大。

提示：

（1）此时若测量出的电阻值正常，则进行下一步操作。

（2）若测量出的电阻值不正常，则更换危险警告灯开关，再试车验证故障是否已排除。

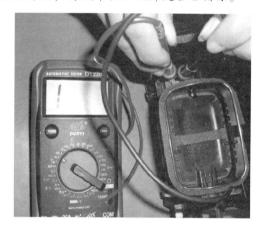

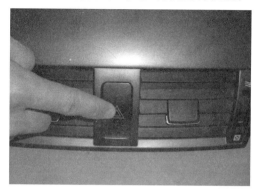

11 按下危险警告灯开关，再次进行检查。

12 危险警告灯开关处于ON位置时，测量1-4端子间电阻值是否正常。其标准电阻小于1Ω。

提示：

（1）此时若测量出的电阻值正常，则进行下一步操作。

（2）若测量出的电阻值不正常，则更换危险警告灯开关，再试车验证故障是否已排除。

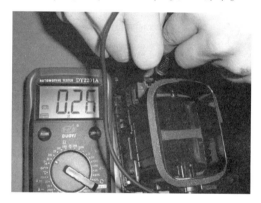

第八步　检查闪光继电器

1 点火开关处于ACC位置。

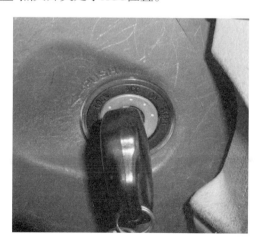

2 拆卸脚踏板下护罩。

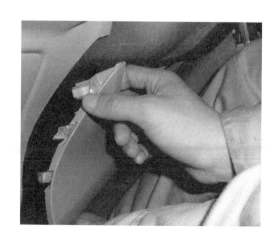

3 拆卸仪表护罩。

4 拆卸左出风口总成。

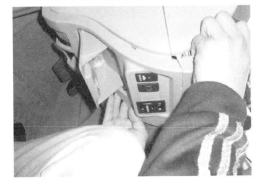

5 断开各相关控制部件的连接器。

所有的连接器上都带有自锁装置。

6 拔下闪光继电器。

7 闪光继电器针端。

8 闪光继电器孔端。

闪光继电器孔端各孔位置如下图所示。

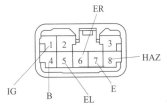

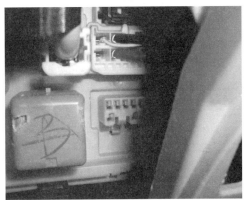

9 检查闪光继电器的供电电源是否正常。

（1）万用表拨到20V电压挡，红表笔接闪光继电器的4号端子，黑表笔搭铁，实测电压若符合规定值时，可进行下一步操作。

（2）若测量的电压不正常，则维修闪光继电器的主供电线路，再试车验证故障是否已排除。

任务 5　汽车危险警告灯电路的故障检测

10 向右拨动转向灯开关。

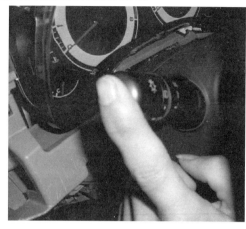

11 检查继电器孔端的6号端子与搭铁的电阻值是否符合规定。

提示：

（1）转向灯开关置于OFF位置时，标准电阻值应大于10kΩ；转向开关置于RH位置时，标准电阻值应小于1Ω。实测电阻符合规定值，此时进行下一步操作。

（2）若测量的电阻不符合规定，则更换灯控组合开关。然后再试车验证故障是否已排除。

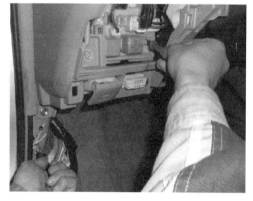

12 将转向灯开关拨到左转向位置。

13 检查继电器孔端的5号端子与搭铁的电阻是否符合规定值。

提示：

（1）转向灯开关置于OFF位置时，标准电阻值应大于10kΩ；转向开关置于RH位置时，标准电阻值应小于1Ω。实测电阻符合规定值，此时进行下一步操作。

（2）若测量的电阻不符合规定时，更换灯控组合开关。然后再试车验证故障是否已排除。

第九步 检查闪光继电器到危险警告灯线路

1 检查闪光继电器到危险警告灯线路。

提示：

继电器孔端的8号端子与危险警告灯孔端的1号端子之间的标准电阻值应小于1Ω。

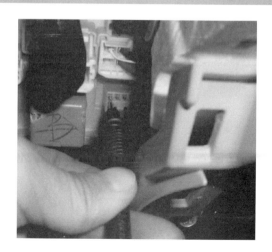

2 若此时万用表显示电阻值为无穷大,说明线路有断路现象。

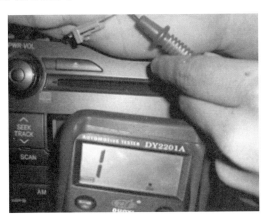

3 维修线束,并安装从车上拆卸下来的零部件。

▲ 第十步　复查故障现象

再次按下危险警告灯开关,两侧转向灯出现双闪,表明故障已排除。

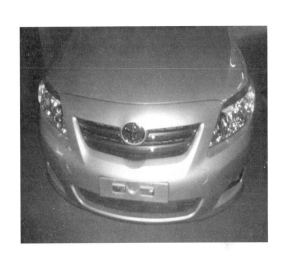

▲ 第十一步　整理场地　将车辆交付车主

1 拆除发动机舱和驾驶舱的防护布并用干净的布清洁车身。

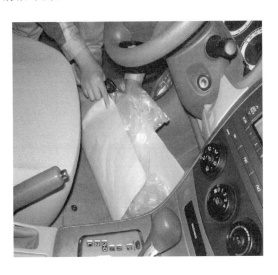

2 用干净抹布清洁车身。

3 整理和清洁场地。

八 考核标准

考 核 标 准 表

评价内容	分值	序号	具 体 指 标	分值	小组评分	教师评分
仪容仪表	10分	1	工作服、鞋、帽穿戴整洁	2分		
		2	发型、指甲等符合工作要求	3分		
		3	不佩戴首饰、钥匙、手表等	5分		
工作安全	20分	4	工具、器材无落地现象	5分		
		5	操作过程中操作者应沉着冷静	5分		
		6	汽车的安全操作过程	5分		
		7	无人员及设备损伤事故	5分		
工作过程	60分	8	试灯、万用表的规范使用	5分		
		9	询问车主，了解故障信息	3分		
		10	试车验证故障部位	2分		
		11	记录车辆相关信息	3分		
		12	维修前的防护工作	2分		
工作过程	60分	13	维修前工具的准备	2分		
		14	将点火开关拨到正确的位置	2分		
		15	维修前车辆的安全检查	5分		
		16	诊断仪的正确连接	5分		
		17	诊断仪界面的正确进入	4分		
		18	危险警告灯开关的正确拆装	5分		
		19	闪光继电器的正确拆装	5分		
		20	危险警告灯开关的检查	3分		
		21	闪光继电器的正确检查	5分		
		22	闪光继电器到危险警告灯的线路检查	15分		
		23	故障部位的确认	10分		
		24	线路的维修	5分		
		25	维修后的试车	3分		
		26	整理工具	2分		
职业素养	10分	27	操作前实训指导书的使用	2分		
		28	学员之间的配合应默契	3分		
		29	在规定的时间内完成操作	5分		
		30	填写工单	5分		
		31	5S工作	5分		
			综合得分	100分		

附表：

汽车危险警告系统故障诊断作业记录表

班级：　　　　　　学号：　　　　　　姓名：

项　　目	作业记录内容	备　　注
一、询问车主	故障发生的时间，故障发生的部位，故障发生时的气候情况	
二、试车验证	故障现象	
三、记录车辆信息	记录整车型号，记录车辆识别代码，记录故障现象，记录车辆外观信息及车厢内的物品信息	
四、工具的准备	工具仪器准备	
五、安装防护设备	安装座椅套，安装地板垫，安装转向盘套，安装翼子板布，安装前格栅布	
六、选择正确操作流程	根据故障现象选择正确的操作流程	
七、操作步骤	第一步：检查　　项目 　　　　　　数据是： 第二步：检查　　项目 　　　　　　数据是： 第三步：检查　　项目 　　　　　　数据是： 第四步：检查　　项目 　　　　　　数据是：	
八、故障部位确认		
九、整理工具（5S）		

任务 6 汽车喇叭电路的故障检测

一 任务说明

❶ 功用

汽车行驶时，驾驶人通过汽车喇叭发出的声音来向行人和其他车辆发出警示信号。汽车喇叭不像减速、制动情况那样简单，如果它的作用发挥得好，不但可以降低减速、制动等情况的操作次数，而且可大大提高行车的安全系数。

❷ 分类

汽车喇叭按发音动力分为：气喇叭、电喇叭（高、低音）。

汽车喇叭按外形分为：螺旋形喇叭、桶型喇叭、盆型喇叭。

❸ 损坏后的失效形式

喇叭不响、喇叭常响、喇叭音量或音调不正常。

二 技术标准与要求

（1）汽车喇叭控制电路如图6-1所示。

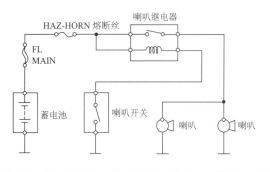

图6-1 汽车喇叭控制电路

按下转向盘上的喇叭按钮，喇叭继电器线圈与蓄电池电源接通有小电流产生，使继电器铁芯产生电磁吸力，从而使继电器开关侧的触点吸合，接通双音喇叭，喇叭便发出声音。松开转向盘喇叭按钮时，继电器线圈断开与蓄电池的通路，线圈电磁力消失，触点在自身弹力作用下张开，切断电路，喇叭停止发音。

（2）更换损坏部件时，请使用相同型号的零件。

（3）拆装机械部件时，尽量避免造成车辆的二次损坏。

三 实训时间 40min

四 实训教学目标

（1）了解汽车喇叭系统的基本功用。
（2）学会分析汽车喇叭控制电路图。
（3）掌握汽车喇叭控制电路故障的排除方法。

五 实训器材

卡罗拉车型（GL）、万用表、试灯、跨接线、备用蓄电池、组合工具、翼子板护裙及驾驶舱内保护罩等其他工具及器材。

六 教学组织

1 教学组织形式
每辆车安排4名学生参与实训，两名学生为一组。一组操作，一组观察学习和考评。

2 学生站位分工和要求
两名学生一组，1人负责操作，1人负责递送工具和整理部件。

3 实训教师职责
讲解操作步骤和注意事项；下达"操作开始"口令；工位间巡视、检查、指导和纠正错误。

4 学生职责变换
2名学生实行职责变换制度，即第一遍第1个人操作，第2个人辅助；第二遍轮流交换。

七 操作步骤

第一步 前期准备

 清洁、整理工位，准备好相关的工具和物品。

提示：
培养良好的工作习惯，做好事前准备，有利于安全操作和提高工作效率。

 将车辆停到工位的正确位置。

提示：
如果学员没有驾驶证，可几个人一起将车推至正确工位，但绝对不允许起动发动机推车。

 打开汽车左前门，拉紧驻车制动器，并将变速器置于P挡位。

提示：
为保证车辆在工位上的可靠驻停，防止其出现溜滑，造成安全事故，要拉紧驻车制动器并将变速器置于P挡位置。

 安放车轮挡块。

提示：
挡块安放在汽车前轮前部、后轮后部，防止车辆向前、后两个方向移动。安放挡块时，避免挡块只锁住一个方向的运动。

任务 6 汽车喇叭电路的故障检测

第二步　询问故障现象

 分析车辆产生故障的原因。

提示：
了解车辆目前所出现的故障及故障发生时所处的外界环境情况。

 记录车上物品。

提示：
在记录表上记录储物盒和行李舱中的物品，并要求客户签字确认，以防维修后留下客户物品丢失的隐患。

 检查车漆划痕情况，并做相关记录。

提示：
绕车查看，要把车漆划痕的位置、大小等详细数据记录在记录表上。

 记录车辆的基本信息。

提示：
记录维修车辆的相关信息，以便日后统计。

第三步　工具仪器的准备

 准备1个LED试灯。

提示：
本试灯为双向试灯，只要有电流（无论电流方向）通过试灯，试灯就会点亮。

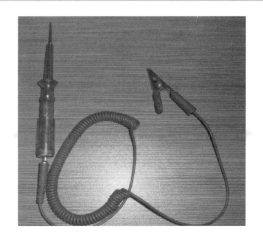

2 准备1块数字式万用表（简称万用表）。

提示：

数字式万用表是精密仪器，严禁违规操作。

3 准备1辆组合工具车。

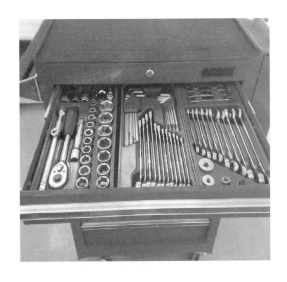

4 准备1辆常用零件存放工具车。

5 准备1个备用蓄电池。

提示：

备用的蓄电池型号与当前汽车使用的蓄电池型号必须一致。

第四步 安装防护设备

安装转向盘护套、座套，铺设地板垫。

提示：

转向盘护套及座套是由薄塑料制成的，极易破损。所以在安装时，用力要均匀，避免因用力过大造成其损坏。其主要作用是在操作过程中保持驾驶室内清洁。

第五步　确认故障现象

 按下喇叭开关，检查喇叭是否鸣响。

提示：

（1）按下喇叭开关，喇叭不鸣响，工作不正常。进行下一步操作。

（2）若按下喇叭开关，喇叭鸣响。整理工具，将车辆交付车主。

 参考维修手册。

提示：

查看卡罗拉维修手册中的车身电控部分。

维修手册

 参照正确的操作流程。

提示：

喇叭不响的故障检测流程如下图所示。

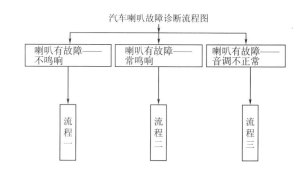

第六步　检查喇叭的供电电源

 打开发动机舱盖保险的第二级锁止装置。

提示：

发动机舱盖的开启有两级保险装置，下图所示为第二级保险装置，其位置在驾驶舱的左下角。

 打开发动机舱盖保险的第一级锁止装置。

提示：

用双手托住发动机舱盖前边沿，将右手四指探到机舱里面，当触摸到锁止机构时，向右推开锁止机构。

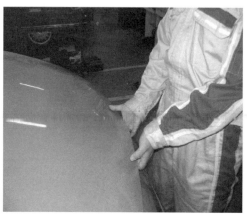

拆下发动机舱前保险杠。

提示:

按照下列的拆卸步骤进行检查。

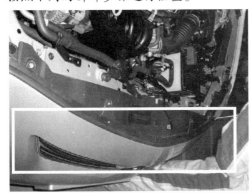

 使用棘轮扳手拧下发动机舱保险杠上部的螺栓。

提示:

共有8个M12螺栓。

 松开塑料锁止螺钉。

提示:

螺钉有两重保险,先把最上部圆头拔出后,然后双手拖住下面的部分将其拽出。

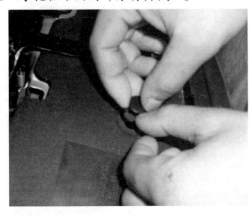

螺钉外形见下图。

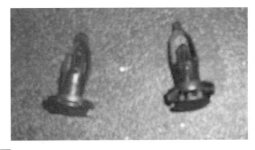

 拆下轮胎挡泥板上的锁止螺钉。

提示:

方法同上,左右两轮两边各有两个螺钉。

 举升汽车。

提示:

举升高度与人的肩部平齐为合适。

 拧下发动机舱下部挡泥护板的固定螺栓。

提示:

这里共计有8个M14的螺栓。

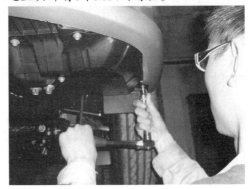

9 断开前雾灯的连接器。

提示：

该连接器在挡泥板的里面，位置比较隐蔽。

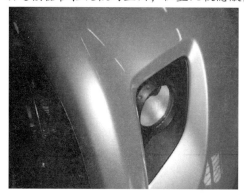

10 左右两侧的雾灯连接器都要断开。

11 移出汽车前保险杠。

提示：

移出保险杠时，应两人同时平行地将其移出。

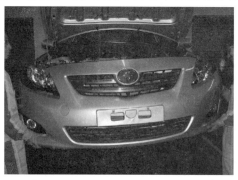

12 实车喇叭位置（如下图所示）。

高音喇叭　　低音喇叭

13 断开高低音喇叭的连接器。

14 车内人员按下喇叭开关。

提示：

车内操作人员按下喇叭开关后，一直按到下列步骤检测完成为止。

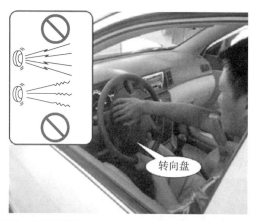

转向盘

15 用试灯检查喇叭的供电电源。

提示：

（1）此时若示灯不亮，说明喇叭供电不正常，应进行下一步操作。

（2）若试灯亮起，说明喇叭供电正常，应更换喇叭。

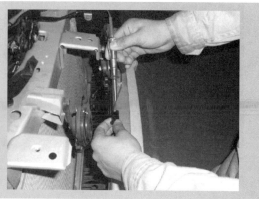

第七步 检查喇叭熔断丝

1 打开发动机舱继电器盒盖。

 拔下喇叭熔断丝。

提示:

如果用手不容易取下喇叭熔断丝,可以借助尖嘴钳将其取下。

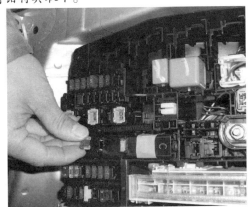

 用万用表的20Ω挡检查熔断丝的电阻值是否符合标准。其标准电阻值小于1Ω。

提示:

(1)此时检测出的电阻值为0.61Ω,符合规定,进行下一步操作。

(2)若检测出的电阻值不正常,则更换熔断器并检查从熔断器到喇叭元件的线路是否存在短路现象。然后再试车验证故障是否已排除。

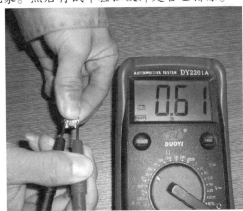

 用试灯检查熔断丝插槽上的电源,查看试灯是否点亮。

提示:

(1)若此时试灯为点亮状态,说明熔断丝插槽上的供电正常,进行下一步操作。

(2)若试灯没有点亮,则维修蓄电池到熔断丝的线路线束。然后再试车验证故障是否已排除。

第八步 检查喇叭继电器到喇叭元件间的线路

1 点火开关置于ACC位置。

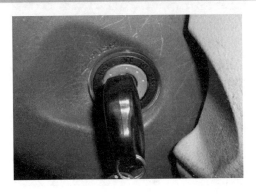

断开蓄电池负极。

提示：

拆卸蓄电池电缆时，应按照先拆负极电缆，后拆正极电缆的顺序进行。否则，容易引起正极电缆搭铁，导致电控单元因瞬时高电压作用而损坏。

 用一字螺丝刀撬开主继电器总成。

提示：

为了避免螺丝刀损坏塑料表面，应先在一字螺丝刀头表面缠绕胶布，再进行操作。

 拔下喇叭继电器连接器。

提示：

喇叭继电器总成上还包括主继电器，拆除喇叭继电器的时候要注意下面的连接线。

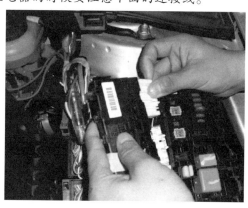

 检查喇叭继电器到喇叭元件的线路，测量电阻值是否正常。

提示：

（1）若此时测量出的电阻值正常，应进行下一步操作。

（2）若测量出的电阻值不正常，则维修此段线束。然后试车验证故障是否已排除。

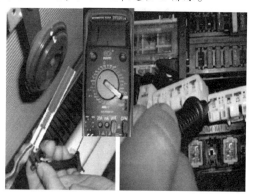

第九步　检查喇叭继电器

1 将点火开关置于ACC位置。

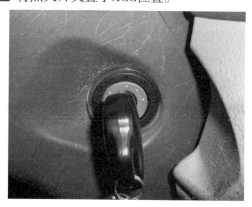

2 取下喇叭继电器。

3 继电器端子位置介绍（见下图）。

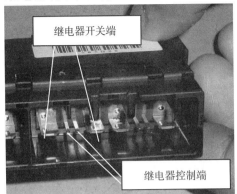

4 测量喇叭继电器开关的电阻值是否正常。其标准电阻值为10kΩ或更大。

提示：

（1）若此时测量出的电阻正常，应进行下一步操作。

（2）若测量出的电阻不正常，则更换喇叭继电器总成。然后试车验证故障是否已排除。

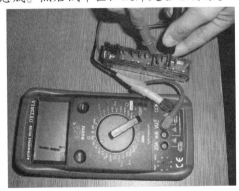

5 测量喇叭继电器控制侧线圈的电阻值，看其是否正常。

提示：

（1）若此时测量出的电阻正常，应进行下一步操作。

（2）若测量出的电阻不正常，则更换喇叭继电器总成。然后试车验证故障是否已排除。

6 测量喇叭继电器触点的电阻值，看其是否正常。

提示：

（1）若此时测量出的电阻正常，应进行下一步操作。

（2）若测量出的电阻不正常，则更换喇叭继电器总成。然后试车验证故障是否已排除。

7 重新连接好各个拆卸下来的连接器。

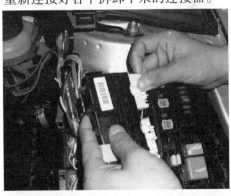

第十步　检查喇叭开关的搭铁线路

1 把点火开关置于ACC位置。

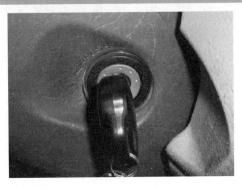

2 断开蓄电池负极端子，并使其可靠地离开负极接线柱。

提示：

特别注意：等待90s以后，开始执行下一步操作，以防不正当操作引爆安全气囊装置。

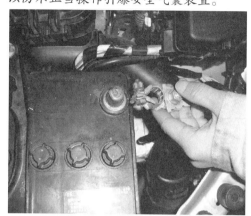

3 操作步骤不正确会引爆安全气囊，造成危害人身安全的后果。

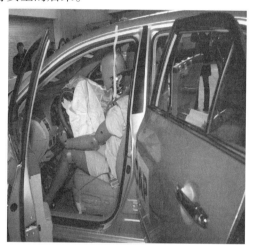

4 拆下转向盘总成。

提示：

此时把转向盘打正。

5 拆下转向盘下的螺栓护罩。

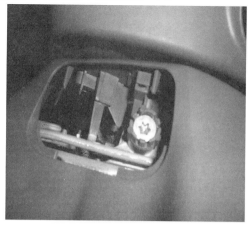

6 用内六角扳手拧松转向盘护罩两侧的锁紧螺栓。

7 取下转向盘护罩。

提示：

先松开两个连接器，即喇叭开关连接器，安全气囊连接器。此时严禁用万用表去进行测量。

8 安全气囊连接器的断开方法。

提示：

先用胶布缠住一字螺丝刀头，然后撬开安全气囊连接器的两层保险。

11 若万用表显示电阻值为无穷大，说明线路有断路现象。

提示：

线路的电阻值应小于1Ω为正常。若测得的线路电阻值正常，则更换喇叭开关总成。

9 打开第二层保险，取下转向盘护罩。

12 维修线束，并安装从车上拆卸下来的零部件。

10 检查喇叭继电器到喇叭开关的线路之间电阻。

第十一步　复查故障现象

再次试车验证：此时按下喇叭开关，若喇叭能鸣响，说明故障已排除。

任务 6　汽车喇叭电路的故障检测

第十二步 整理场地将车辆交付车主

1 拆除发动机舱和驾驶室的防护布。

2 用干净的抹布清洁车身。

3 整理场地,将车辆交付车主。

八 考核标准

考 核 标 准 表

评价内容	分值	序号	具体指标	分值	小组评分	教师评分
仪容仪表	10分	1	工作服、鞋、帽穿戴整洁	2分		
		2	发型、指甲等符合工作要求	3分		
		3	不佩戴首饰、钥匙、手表等	5分		
工作安全	20分	4	工具、器材无落地现象	5分		
		5	操作过程中操作者应沉着冷静	5分		
		6	汽车的安全操作过程	5分		
		7	无人员及设备损伤事故	5分		
工作过程	60分	8	试灯、万用表的规范使用	5分		
		9	询问车主,了解故障信息	3分		
		10	试车验证故障部位	2分		
		11	记录车辆信息	3分		
		12	维修前的防护工作	2分		
		13	维修前工具的准备	2分		
		14	将点火开关拨到正确的位置	2分		
		15	维修前车辆的安全检查	5分		

续上表

评价内容	分值	序号	具 体 指 标	分值	小组评分	教师评分
工作过程	60分	16	检查喇叭熔断器	5分		
		17	检查喇叭继电器	4分		
		18	继电器到喇叭元件间的线路检查	5分		
		19	喇叭元件检查	5分		
		20	喇叭开关的搭铁线路检查	3分		
		21	喇叭开关检查	5分		
		22	机械元件的正确拆装	15分		
		23	故障部位的确认	10分		
		24	线路的维修	5分		
		25	维修后的试车	3分		
		26	整理工具	2分		
职业素养	10分	27	操作前实训指导书的使用	1分		
		28	学员之间的配合应默契	1.5分		
		29	在规定时间内完成操作	2.5分		
		30	填写工单	2.5分		
		31	5S 工作	2.5分		
			综合得分	100分		

任务 6 汽车喇叭电路的故障检测

附表：

汽车喇叭系统故障诊断作业记录表

班级：　　　　学号：　　　　姓名：

项　目	作业记录内容	备　注
一、询问车主	故障发生的时间，故障发生的部位，故障发生时的气候情况	
二、试车验证	故障现象	
三、记录车辆信息	记录整车型号，记录车辆识别代码，记录故障现象，记录车辆外观信息及车厢内的物品信息	
四、工具的准备	工具仪器准备	
五、安装防护设备	安装座椅套，安装地板垫，安装转向盘套，安装翼子板布，安装前格栅	
六、选择正确操作流程	根据故障现象选择正确的操作流程	
七、操作步骤	第一步：检查　　项目 　　　　数据是： 第二步：检查　　项目 　　　　数据是： 第三步：检查　　项目 　　　　数据是： 第四步：检查　　项目 　　　　数据是：	
八、故障部位确认		
九、整理工具（5S）		